AF396090

LA GUERRE DE 1870-1871

W. FILIPPI

Inspecteur principal aux Chemins de fer de l'Est, Attaché aux Affaires internationales

LA GUERRE

DE 1870-1871

DOCUMENTS OFFICIELS ALLEMANDS

COLLECTION DES DÉPÊCHES TÉLÉGRAPHIQUES

DU QUARTIER GÉNÉRAL ALLEMAND,

DE S. M. LE ROI DE PRUSSE A LA REINE AUGUSTA, ETC., ETC.

Du 31 juillet 1870 au 5 février 1871

TRADUCTION

PARIS

E. LACHAUD, LIBRAIRE-ÉDITEUR

4, PLACE DU THÉATRE-FRANÇAIS, 4

1871

PRÉFACE

Pendant toute la guerre entre la France et l'Allemagne, les documents officiels français n'ont guère apporté la lumière à notre pays ; trop souvent, ils ont caché ou altéré la vérité et entretenu sur les opérations militaires, la situation de nos places fortes et les progrès constants de l'invasion, des illusions que nos revers successifs ne parvenaient pas à entamer.

La presse française, de son côté, n'accueillait qu'avec une grande réserve, soit sur l'invitation du Gouvernement, soit par patriotisme, les nouvelles désastreuses que lui fournissait la presse étrangère, et qui, d'ailleurs, par les difficultés croissantes des communications, devenaient de plus en plus rares à mesure que l'ennemi gagnait du terrain.

Nous n'avons donc jamais connu la vérité en France sur la guerre. Il est aujourd'hui bien tard pour l'apprendre ; mais si pénible qu'elle soit, elle nous a paru devoir être cherchée et pouvoir encore être utile.

Si les dépêches officielles allemandes eussent été, au fur et à mesure de leur publication, portées à notre connaissance, bien des malheurs eussent été certainement épargnés à notre nation. L'on eût compris après

Sedan, même à Paris, que la paix s'imposait comme une douloureuse nécessité, et la pression de l'opinion publique sur le gouvernement du 4 septembre eût été d'une toute autre nature.

Mais, maintenant encore, la collection des documents réunis et traduits dans ce petit volume, sera instructive pour nous. Leur véracité a été reconnue par la presse étrangère et cette sincérité est, d'ailleurs, peu méritoire au cours d'une série de succès prodigieux, même pour le vainqueur ; il est, cependant, possible que certains faits ou chiffres aient été dénaturés ou exagérés, et il est nécessaire d'en faire justice. Il sera bon également de pouvoir réfuter certains rapports, tels que ceux sur les affaires de Sarrebrück des 2 et 6 août 1870, par lesquels l'état-major allemand a voulu exciter contre nous les passions populaires et n'y a que trop bien réussi.

Tel est le but de ce petit recueil. L'étude en sera douloureuse pour des cœurs français ; mais il offrira des éléments précieux pour l'histoire encore à faire de cette guerre de 1870-1871, si légèrement engagée, et si héroïquement, mais malheureusement poursuivie.

Juin 1871.

LA GUERRE DE 1870-1871

DOCUMENTS OFFICIELS ALLEMANDS

COLLECTION

DES DÉPÊCHES TÉLÉGRAPHIQUES ALLEMANDES

DU 31 JUILLET 1870 AU 5 FÉVRIER 1871

A MON PEUPLE !

Au moment de me rendre à l'armée afin de combattre avec elle pour l'honneur de l'Allemagne et pour la conservation de nos biens les plus précieux, je veux, en considération de l'élan unanime avec lequel mon peuple s'est levé, accorder une amnistie pour crimes et délits politiques. J'ai chargé mon ministre d'État de me soumettre une ordonnance dans ce sens.

Mon peuple sait comme moi que la rupture de la paix et les actes hostiles ne sont pas venus de nous.

Mais, provoqués, nous sommes déterminés à soutenir la lutte comme nos pères, pour le salut de la patrie, avec la plus ferme confiance en Dieu.

1ʳᵉ dépêche du théâtre de la guerre.

Trèves, 30 juillet, midi.

L'ennemi se tient tranquille.

Sarrebrück, 30 juillet, 5 h. soir.

Notre infanterie a l'ordre d'évacuer Sarrebrück au cas où elle serait attaquée par des forces supérieures ; la cavalerie doit se maintenir à portée de l'ennemi.

L'ennemi se concentre à l'èst de Thionville ; il a évacué Gerswiller après avoir été chassé de la forêt de Saint-Arnould.

Sarrelouis, 31 juillet, 9 h. matin.

L'ennemi avait hier en position derrière Forbach quatre régiments d'infanterie, un bataillon de chasseurs, trois régiments de cavalerie et une batterie.

Présidence royale de police,

De Wurmb.

2ᵉ dépêche du théâtre de la guerre.

Le 2 août, à dix heures du matin, le petit détachement qui occupait Sarrebrück a été attaqué par trois divisions ennemies et vingt-trois pièces de canon ont dirigé leur feu sur la ville. Le plateau de la place des exercices a été évacué à midi et la ville à deux heures par notre détachement qui s'est replié sur la première ligne de soutien.

Les pertes sont relativement peu considérables.

Selon le récit d'un prisonnier, l'Empereur était arrivé à onze heures devant Sarrebrück.

Présidence royale de police,

DE WURMB.

3ᵉ dépêche du théâtre de la guerre.

Les rapports parvenus la nuit dernière de l'armée donnent sur le combat de Sarrebrück les détails suivants :

Malgré le feu d'une artillerie considérable, nos avant-postes conservèrent leurs positions jusqu'à ce que l'adversaire se fût complétement déployé ; lorsque celui-ci eut présenté trois divisions et marché en avant, la faible avant-garde prussienne évacua la ville et se massa au nord de Sarrebrück dans un nouveau poste d'observation.

Notre perte dans ce combat d'avant-poste n'est que de deux officiers et soixante et dix soldats, en dépit des chassepots, mitrailleuses, et d'une nombreuse artillerie. L'ennemi semble avoir subi des pertes considérables.

Le même jour, 2 août, l'ennemi a franchi la frontière avec une forte colonne à l'est de Sarreguemines, près de Rheinheim, et a ouvert un feu violent de tirailleurs par compagnies entières sur nos faibles patrouilles, dont la seule victime fut un cheval ; l'ennemi s'est replié avant la nuit. Nos troupes sont magnifiques dans tous ces petits combats.

Berlin, 4 août 1870.

Présidence royale de police,

DE WURMB.

4ᵉ dépêche du théâtre de la guerre.

Brillante, mais sanglante victoire de l'armée du Prince Royal, sous les yeux de Son Altesse Royale. Prise d'assaut de Wissembourg et de la montagne du Geisberg, sise derrière la ville, par les régiments des 5ᵉ et 11ᵉ corps prussiens et 2ᵉ bavarois.

La division française Douay, du corps Mac-Mahon, a été battue, dispersée et a dû abandonner son campement entre nos mains.

Général Douay mort. Plus de cinq cents prisonniers non blessés, parmi lesquels beaucoup de turcos, et un canon sont en notre pouvoir.

De notre côté, le général Kirchbach a été légèrement atteint. Le régiment des grenadiers du Roi et le 50ᵉ ont fait des pertes considérables.

Berlin, 4 août 1870.

Présidence royale de police,
DE WURMB.

5ᵉ dépêche du théâtre de la guerre.

Mayence, 4 août.

A LA REINE AUGUSTA, A BERLIN.

Brillante, mais sanglante victoire aujourd'hui, sous les yeux de Fritz. Prise d'assaut de Wissembourg et de la montagne du Geisberg. Les corps engagés étaient les 5ᵉ et 11ᵉ corps prussiens et le 2ᵉ bavarois.

L'ennemi est en fuite. Cinq cents prisonniers sans blessures, un canon et le camp sont entre nos mains.

Le général de division Douay, tué. De notre côté, le général de Kirchbach légèrement atteint.

Mon régiment et le 58ᵉ fortement éprouvés. Dieu soit loué pour ce glorieux fait d'armes ! Puisse-t-il nous aider encore !

GUILLAUME.

6ᵉ dépêche du théâtre de la guerre.

Mayence, vendredi 5 août, 9 h. 25 m. matin.

D'après les nouvelles qui viennent d'arriver au grand quartier général, le nombre des prisonniers français faits au combat, de Wissembourg est de huit cents et non de cinq cents ; il en est déjà arrivé à Mayence.

Munich, 5 août, matin.

Une communication officielle du ministère de la guerre de Bavière annonce qu'au nombre des prisonniers français faits à Wissembourg, se trouvent dix-huit officiers.

Francfort-sur-Mein, 5 août, 11 h. 20 m. soir.

Un train vient d'amener de Wissembourg dix officiers et quatre-cent quatre-vingts soldats français prisonniers, parmi lesquels de nombreux turcos. Les prisonniers ont mangé ici et ont été ensuite dirigés sur le nord et, à ce que l'on assure, par Berlin.

Présidence royale de police,
DE WURMB.

7ᵉ dépêche du théâtre de la guerre.

Une dépêche arrivée de l'armée le 6 août au matin dit : le Prince Royal a continué sa marche au delà de Wissembourg sans rencon-

trer de résistance sérieuse. Les localités françaises qu'il a traver-
sées sont remplies de blessés, au nombre desquels le colonel du
50e régiment de ligne français. La profonde impression produite
par le combat est manifeste.

A Sarrebrück, l'ennemi trouve un plaisir barbare à cribler de
grenades la ville non occupée par nous, sans autre but que d'exer-
cer son courage sur de paisibles citoyens.

Berlin, 6 août 1870.

Présidence royale de police,
DE WURMB.

8e dépêche du théâtre de la guerre.

Bataille victorieuse à Wœrth.

Mac-Mahon battu complétement avec la plus grande partie de
son armée. Les Français rejetés sur Bitche.

Sur le champ de bataille de Wœrth, 6 août, quatre heures et
demie du soir.

FRÉDÉRIC-GUILLAUME, prince royal.

9e dépêche du théâtre de la guerre.

Mayence, 6 août, 9 h. soir.

L'armée française a fait un changement de front sur toute la
ligne et opère en ce moment sa retraite sur l'intérieur. Sarrebrück,
occupé par les Français après la fameuse bataille des trois divisions
françaises contre trois compagnies prussiennes, est également évacué par l'ennemi, mais non sans qu'il ait, avant son départ, mis le

feu à cette ville ouverte et prospère et alimenté l'incendie en envoyant sur elle des bombes incendiaires des hauteurs voisines.

Berlin, 7 août 1870.

Présidence royale de police,
DE WURMB.

10ᵉ dépêche du théâtre de la guerre (a).

I.

AU GÉNÉRAL DE HANENFELDT.

Mayence, 6 août, 9 h. soir.

Les têtes de colonnes prussiennes s'étaient, le 5, rapprochées de la Sarre. Aujourd'hui le général de Kamecke a rencontré l'ennemi à l'ouest de Sarrebrück sur les hauteurs de Spicheren, et, si fortes que fussent ces positions, n'hésita pas à les attaquer aussitôt. Au bruit de la canonnade, des détachements des divisions Barneckow et Stülpnagel se hâtèrent de marcher dans sa direction ; le général de Gœben prit le commandement, et, après un très-violent combat, nous avons réussi à enlever d'assaut les positions occupées par le corps français Frossard. Général de François et colonel de Reuter, blessés.

A.-L. DE VERDI.

II.

Mayence, 7 août, 4 h. 30 m. matin.

AU GÉNÉRAL DE HANENFELDT.

Le Prince Royal mande, le 6 au soir : Dans la victoire remportée sur Mac-Mahon dont le corps d'armée était renforcé par des divisions des corps de Failly et Canrobert, nous avons pris deux aigles,

six mitrailleuses, et environ trente canons ; le nombre des prisonniers dépasse déjà quatre mille. Général Bose, blessé. Général
Kirchbach commandait de nouveau son corps. Pertes considérables
des deux côtés.

De PODBIELSKI.

Présidence royale de police,
De WURMB.

10ᵉ dépêche du théâtre de la guerre (b).

Mayence, 7 août, 6 h. matin.

III.

AU GÉNÉRAL DE HANENFELDT.

Général Gœben donne sur le combat à l'ouest de Sarrebrück les
détails complémentaires suivants : Plusieurs centaines de prisonniers du corps Frossard. D'après leurs déclarations, nous avions
devant nous quatre divisions. Le combat n'a fini qu'à l'obscurité
complète. L'ennemi a couvert sa retraite par une canonnade violente des hauteurs de Spicheren. Général Steinmetz est arrivé vers
le soir et a pris le commandement. Général François tué. Les
pertes, notamment en officiers, considérables ; l'ennemi a eu un
grand nombre de tués.

De VERDI.

IV.

A LA REINE AUGUSTA.

Quel bonheur que cette nouvelle grande victoire remportée par
Fritz ! Louanges à Dieu pour sa grâce ! Trophées de la journée :
trente canons, deux aigles, six mitrailleuses ; on a fait quatre mille

prisonniers. Mac-Mahon était renforcé par l'armée principale. — Il faut faire tirer *Victoria*.

GUILLAUME.

Présidence royale de police,
DE WURMB.

11ᵉ dépêche du théâtre de la guerre.

Hombourg, 8 août, 9 h. 45 m. matin.

Son Altesse Royale le Prince Royal mande :

I.

Après la bataille d'hier, à Wœrth, l'ennemi s'est replié avec la plus grande précipitation. A Niederbronn, l'artillerie française essaya de tenir, mais la ville fut enlevée par les Bavarois. L'ennemi s'est retiré sur la route de Bitche. La cavalerie wurtembergeoise a pris à Reichshoffen une grande quantité d'approvisionnements et quatre canons. Les morts et les blessés couvrent la route de retraite. Ce matin a eu lieu l'occupation de Haguenau, abandonné par l'ennemi.

II.

Sur la Sarre, Sarreguemines a été occupé par nos troupes. Forbach a été pris après un léger combat.

Berlin, 8 août 1870.

Présidence royale de police,
DE WURMB.

12ᵉ dépêche du théâtre de la guerre.

(Manque.)

13e dépêche du théâtre de la guerre.

Sarrebrück, 9 août 1870.

Près de Forbach nos troupes ont enlevé à l'ennemi un équipage de ponts complet chargé sur environ quarante wagons. Ce fait est l'indice d'une grande démoralisation dans l'armée ennemie.

Berlin, 10 août 1870.

Présidence royale de police,
DE WURMB.

14e dépêche du théâtre de la guerre.

Sarrebrück, 10 août, 10 h. 14 m. du soir.

AU GÉNÉRAL DE HANENFELDT.

L'armée française continue sur tous les points son mouvement de retraite vers la Moselle.

La cavalerie de toutes les armées prussiennes la suit pas à pas.

La ligne Saarunion, Grostenquin, Faulquemont, Fouling, les Étangs est déjà franchie par la cavalerie.

De grands approvisionnements de vivres, deux équipages de ponts, plusieurs trains de chemins de fer sont tombés entre nos mains.

La petite forteresse de Lützelstein (la Petite-Pierre), dans les Vosges, a été évacuée par l'ennemi, qui y a laissé des canons et des approvisionnements.

DE VERDI.

Berlin, 11 août 1870.

Présidence royale de police,
DE WURMB.

15ᵉ dépêche du théâtre de la guerre.

Saint-Avold, 12 août, 7 h. 15 m. soir.

L'armée française avait mis en état de défense la position sur la Nied française ; cependant elle a franchi hier, en se retirant, la Moselle près de Metz. Notre cavalerie est devant Metz, Pont-à-Mousson et Nancy. Des détachements de notre armée sont arrivés devant Strasbourg. La petite forteresse de Lichtenberg, dans les Vosges, a capitulé. Lützelstein (la Petite-Pierre) a été abandonnée par l'ennemi. Là et sur divers autres points nous avons trouvé de grands magasins et des approvisionnements militaires.

Berlin, 13 août 1870.

Présidence royale de police,
De Wurmb.

16ᵉ dépêche du théâtre de la guerre.

DU GRAND QUARTIER GÉNÉRAL.

Herny, 13 août, 10 h. 30 m. soir.

Un bataillon ennemi, dirigé par le chemin de fer de Metz sur Pont-à-Mousson, s'est retiré au plus vite en abandonnant ses bagages devant notre infanterie qui, ce matin de bonne heure, prenait possession de la ville.

Nancy est évacué par l'ennemi.

Notre cavalerie a détruit, au nord de la ville, le chemin de fer à Frouard ; d'autres détachements de cavalerie ont enlevé des transports de fourrages aux avant-postes des troupes françaises qui se trouvaient encore sur les glacis de Metz.

Berlin, 14 août 1870.

Présidence royale de police,
De Wurmb.

17ᵉ dépêche du théâtre de la guerre.

Sa Majesté la Reine vient de recevoir de Sa Majesté le Roi la dépêche suivante :

Herny, dimanche, 14 août.

Combat victorieux près de Metz, livré par des troupes des 7ᵉ et 1ᵉʳ corps d'armée. Les détails manquent encore. Je me rends immédiatement sur le champ de bataille.

GUILLAUME.

Berlin, 15 août 1870.

Présidence royale de police,
DE WURMB.

18ᵉ dépêche du théâtre de la guerre (a).

DÉPÊCHE DE S. M. LE ROI A S. M. LA REINE.

Herny, 15 août, 7 h. 30 m. soir.

Je suis revenu à trois heures du champ de bataille de Metz.

L'avant-garde du 7ᵉ corps a attaqué hier vers cinq heures du soir l'ennemi qui se retirait ; celui-ci s'arrêta et nous le vîmes se renforcer de la forteresse. La 13ᵉ division et des portions de la 14ᵉ soutinrent l'avant-garde en même temps que des parties du 1ᵉʳ corps. Un très-sanglant combat s'engagea sur toute la ligne ; l'ennemi fut repoussé sur tous les points, et la poursuite ne s'arrêta qu'aux glacis des ouvrages extérieurs. Le voisinage de la forteresse permit souvent à l'ennemi de mettre ses blessés en sûreté. Nos troupes, après avoir fait évacuer nos blessés, se sont retirées à la chute du jour dans leurs anciens bivouacs.

Les troupes se sont, paraît-il, battues toutes avec une énergie incroyable et un admirable entrain. J'ai vu grand nombre de nos soldats et les ai remerciés chaleureusement. La joie était saisissante. J'ai parlé aux généraux Steinmetz, Zastrow, Manteuffel et Gœben.

Herny, 15 août, 9 h. 30 m. soir.

La petite forteresse de Marsal a capitulé après avoir essuyé, pendant peu de temps, le feu du 2ᵉ corps d'armée bavarois. Nous y avons trouvé d'importants approvisionnements et environ soixante canons.

18ᵉ dépêche du théâtre de la guerre (b).

Grand quartier de Herny, transportée par poste à Sarrebrück, à cause du dérangement des fils télégraphiques.

Le 14 de ce mois, vers quatre heures du soir, notre avant-garde en position devant Metz crut s'apercevoir que les troupes ennemies campées sous la protection de la forteresse se mettaient en marche. Sans perdre de temps, la brigade Goltz attaqua l'arrière-garde du corps Decaen (ex-corps Bazaine), et la poussa si vivement que, pour la protéger, le corps d'armée ennemi et des portions du corps de Frossard durent nous faire front. Le général Glümer fit avancer aussitôt sa 2ᵉ brigade Osten-Sacken. De leur côté, les divisions Kamecke et Wrangel attaquèrent sur la gauche avec autant d'à-propos que de succès, et rejetèrent en fin de compte l'ennemi dans toutes les directions sur ses ouvrages.

Pendant ce temps, le corps Ladmirault avait cherché à écraser l'aile droite de notre premier corps d'armée, mais il fut attaqué par le général Manteuffel avec ses réserves, marchant tambour battant, et après la prise d'assaut par nos troupes d'une rangée de tranchées, l'ennemi fut rejeté dans la forteresse sur cette aile, non moins énergiquement que sur l'autre. Nos troupes se sont avancées jusqu'à Bellecroix et Borny, dans le rayon des forts nouvellement établis. Ce matin, Sa Majesté le Roi a parcouru le champ de bataille et visité les avant-postes qui y ont été maintenus pour assurer l'enlèvement des blessés prussiens et français. Des hauteurs les plus élevées, il n'y avait plus à constater trace de l'ennemi sur la rive droite de la Moselle. D'épais nuages de poussière sur l'autre rive du fleuve, nous ont prouvé que l'armée principale ennemie se retire.

Berlin, 16 août 1870.

Présidence royale de police,
DE WURMB.

19ᵉ dépêche du théâtre de la guerre.

Mundolsheim, 16 août, 9 h. 40 m. soir.

La garnison de Strasbourg a tenté aujourd'hui dans l'après-midi une sortie vers Ostwald et a été repoussée avec perte d'hommes et de trois canons.

DE WERDER.

Berlin, 17 août 1870.

Présidence royale de police,
DE WURMB.

20ᵉ dépêche du théâtre de la guerre.

Pont-à-Mousson, 17 août, 7 h. 10 m. soir.

Le général-lieutenant d'Alvensleben avec le 3ᵉ corps d'armée s'est avancé, le 16, à l'ouest de Metz vers Verdun, sur la route de retraite de l'ennemi. Combat sanglant contre des divisions

des corps Decaen, Ladmirault, Frossard, Canrobert et contre
la garde impériale. De notre côté, sont successivement entrés
en ligne le 10⁰ corps et des détachements des 8⁰ et 9⁰ corps,
sous le commandement supérieur du prince Frédéric-Charles.
L'ennemi, malgré sa supériorité numérique, a été rejeté sur
Metz après une lutte très-vive de douze heures. Les pertes de
toutes armes sont très-considérables des deux côtés; nous avons
perdu les généraux de Döring et de Wedel; les généraux de Rauch
et Grüter sont blessés. Sa Majesté le Roi a félicité aujourd'hui les
troupes sur le champ de bataille, sur lequel elles se sont victorieusement maintenues.

Par ordre : De VERDY.

Berlin, 18 août 1870.

Présidence royale de police,
De Wurmb.

21⁰ dépêche du théâtre de la guerre.

Sa Majesté la Reine a reçu de Sa Majesté le Roi une dépêche
datée de Pont-à-Mousson, 17 août, onze heures du soir, et qui
ajoute aux détails déjà connus sur la bataille du 16 courant qu'elle
a eu lieu près de Mars-la-Tour, et que la cavalerie a pris deux
aigles et sept canons.

Berlin, 18 août 1870.

Présidence royale de police,
De Wurmb.

22⁰ dépêche du théâtre de la guerre.

Willow, maison de poste, mercredi 17 août.

La division de la flottille, composée du yacht de Sa Majesté

« Grille » (*le Grillon*) et des canonnières « Drache » (*le Dragon*),
« Blitz » (*l'Éclair*) et « Salamander », a engagé aujourd'hui un combat
à l'ouest de Rügen contre quatre frégates cuirassées françaises,
une corvette et un aviso. La flotte ennemie se trouve actuelle-
ment en mer, en vue de Dornbusch ; elle est sous le commandement d'un vice-amiral et venait de l'ouest lorsqu'elle fut rencontrée
par « Grille» (*le Grillon*), au nord de Darscrort. Aucune perte.

Comte WALDERSEE.

Berlin, 18 août 1870.

Présidence royale de police,
De WURMB.

23ᵉ dépêche du théâtre de la guerre.

Grande victoire ! sous le commandement de Sa Majesté le Roi.

A SA MAJESTÉ LA REINE.

Bivouac de Rezonville, 18 août, 9 h. du soir.

L'armée française, qui occupait une très-forte position à l'ouest
de Metz, a été aujourd'hui attaquée sous mon commandement,
complétement battue dans une bataille de neuf heures, coupée
de ses communications avec Paris et rejetée sur Metz.

GUILLAUME.

Berlin, 19 août 1870.

Présidence royale de police,
De WURMB.

24ᵉ dépêche du théâtre de la guerre.

Il n'est jusqu'ici parvenu sur la bataille du 18 août aucun

nouveau détail, sinon que l'armée principale ennemie s'est complétement retirée pendant la nuit du 18 au 19 août dans l'enceinte fortifiée de Metz.

Berlin, 21 août 1870, huit heures du matin.

Présidence royale de police,
De Wurmb.

25ᵉ dépêche du théâtre de la guerre.

Stuttgart, dimanche, 21 août.

Le ministère de la guerre du Wurtemberg a publié la dépêche officielle suivante :

La forteresse de Phalsbourg, dans les Vosges, sur la route de Saverne à Nancy, qui était cernée par les troupes wurtembergeoises, a capitulé hier dans l'après-midi.

Berlin, 21 août 1870.

Présidence royale de police,
De Wurmb.

26ᵉ dépêche du théâtre de la guerre.

Dresde, dimanche, 21 août, après midi.

Le journal de Dresde publie le rapport suivant, parvenu par télégramme au ministère de la guerre de Saxe, sur la part prise à la bataille de Rezonville par le 12ᵉ corps d'armée (saxon). « Le « corps d'armée saxon est entré en ligne vers quatre heures, « à côté de la garde prussienne, avec de bons résultats. Les « deux divisions et l'artillerie étaient engagées. Pertes et détails non « encore connus. Nous avons fait beaucoup de prisonniers. Étaient

« engagés les 2e, 7e, 8e; 9e, 12e, 3e corps, la garde et l'artillerie. »
Berlin, 21 avril 1870.

Présidence royale de police,
De Wurmb.

27e dépêche du théâtre de la guerre.

Dans la bataille du 18, ont été plus particulièrement engagés : la garde, les 2e, 7e, 8e, 9e et 12e corps d'armée. Les 3e et 10e corps se trouvaient en réserve, et n'ont mis en ligne que des détachements peu considérables et surtout de l'artillerie. L'ennemi occupait une position semblable à une forteresse, avec toute son armée, sauf le corps Mac-Mahon et deux divisions de Failly. A l'approche de la nuit, nous avons pris d'assaut toutes les hauteurs. Les pertes ne peuvent encore être évaluées approximativement. Le général Kraushaar (Saxe), les colonels Röder, Ecker ont été tués. La bataille a duré de midi à neuf heures du soir. Nous avons fait plusieurs milliers de prisonniers.

Le Commandant du quartier général :
De PODBIELSKI.

Cette dépêche, parvenue le 22 à sept heures du matin, a été remise à Pont-à-Mousson ; mais la date de l'expédition reste encore à déterminer.
Berlin, 22 août 1870.

Présidence royale de police,
De Wurmb.

28ᵉ dépêche du théâtre de la guerre.

Bar-le-Duc, 24 août, 9 soir.

Châlons a été évacué par l'ennemi ; nos têtes de colonne l'ont dépassé. L'armée continue ses mouvements en avant.

De PODBIELSKI.

Berlin, 25 août 1870.

Présidence royale de police,
De WURMB.

29ᵉ dépêche du théâtre de la guerre.

Mundolsheim, 26 août, 9 h. matin.

Depuis le 23 au soir, la ville et la citadelle de Strasbourg sont canonnés de Kehl avec des pièces de siége ; du front du Sud avec de l'artillerie de campagne pendant la nuit ; du front du Nord, depuis le 24 au matin, avec des pièces de siége. Les avant-postes sont à cinq ou huit cents pas de la citadelle. Les dommages, à Strasbourg, sont importants. De petits magasins de poudre ont fait explosion ; la citadelle, les magasins et une grande quantité de bâtiments sont en flammes.

De WERDER.

Berlin, 26 août 1870.

Présidence royale de police,
De WURMB.

30ᵉ dépêche du théâtre de la guerre.

Bar-le-Duc, 26 août, trois heures de l'après-midi.

La petite forteresse de Vitry s'est rendue hier matin, 25 août ;

nous y avons trouvé seize canons. Deux bataillons de garde mobile, qui s'étaient égarés, ont été dispersés par notre cavalerie. Nous avons fait prisonniers dix-sept officiers et huit cent cinquante soldats.

Pertes de notre côté : le major de Friesen, grièvement blessé ; trois hommes blessés.

De PODBIELSKI.

Berlin, 28 août 1870.

Présidence royale de police,
De WURMB.

31ᶜ dépêche du théâtre de la guerre.

I.

Il a été expédié ces derniers jours de l'armée plusieurs télégrammes, dont la transmission à Berlin a exigé trois et quatre jours, et qui ont été, par suite, devancés par des dépêches particulières. — Il n'est pas arrivé jusqu'ici à notre connaissance que les généraux français Frossard et Bourbaki fussent blessés.

II.

Grand quartier général, 28 août, sept heures du soir.

Hier, combat victorieux du 3ᵉ régiment de cavalerie saxon, d'un escadron du 18ᵉ régiment de uhlans et de la batterie Zwinker, contre six escadrons de chasseurs français, dans les environs de Buzancy. Le commandant français a été blessé et fait prisonnier.

De PODBIELSKI.

Berlin, 30 août 1870.

Présidence royale de police,
De WURMB.

32ᵉ dépêche du théâtre de la guerre.

Varennes, 30 août, 2 h. 30 m. de l'après-midi.

L'avant-garde du 12ᵉ corps d'armée (Saxe royale) a eu aujourd'hui un engagement heureux près de Nouart avec les troupes du 5ᵉ corps français. Le chemin de fer assurant les communications de Thionville avec Paris, a été coupé par des détachements de nos troupes à deux endroits différents, entre Thionville et Mézières. Deux escadrons de hussards prussiens ont mis pied à terre, enlevé d'assaut Voncq, et y ont fait beaucoup de prisonniers, turcos, infanterie et pompiers.

DE PODBIELSKI.

Berlin, 31 août 1870.

Présidence royale de police,
DE WURMB.

33ᵉ dépêche du théâtre de la guerre.

Varennes, 30 août, 9 h. 30 m. du soir.

A LA REINE AUGUSTA, A BERLIN.

Nous avons eu hier un combat victorieux, livré par les 4ᵉ, 12ᵉ (saxon), et 1ᵉʳ corps bavarois. Mac-Mahon a été battu et rejeté de Beaumont jusqu'au delà de la Meuse à Mousson (Mouzon). Douze canons, plusieurs milliers de prisonniers et un matériel considérable sont entre nos mains. Nos pertes sont modérées. Je retourne de suite sur le champ de bataille pour recueillir les fruits de la victoire. Puisse Dieu nous être miséricordieux par la suite comme il l'a été jusqu'ici!

GUILLAUME.

Berlin, 31 août 1870.
Présidence royale de police,
DE WURMB.

34e dépêche du théâtre de la guerre.

Varennes, 1er septembre, 9 h. 20 m. matin.

La tentative faite par Mac-Mahon pour dégager Metz a complétement échoué, par suite des opérations de ces derniers jours et de la bataille du 30. Dans la bataille d'hier, nous avons pris plus de vingt canons. Les pertes de l'ennemi sont excessivement fortes, les nôtres relativement faibles. Avant cet engagement, des uhlans et hussards prussiens, ceux-ci à pied, avaient pris deux villages fortement occupés par l'infanterie ennemie dans le voisinage de Sedan.

De PODBIELSKI.

Berlin, 1er septembre 1870.

Présidence royale de police,
De Wurmb.

35e dépêche du théâtre de la guerre.

A LA REINE AUGUSTA, A BERLIN.

Sur le champ de bataille de Sedan, 1er septembre, 3 h. 1/4 soir.

Depuis sept heures et demie nous livrons bataille autour de Sedan, sommes victorieux et avançons. Garde, 4e, 5e, 11e, 12e corps et Bavarois. L'ennemi est presque complétement rejeté dans la ville.

GUILLAUME.

Berlin, 2 septembre 1870.

Présidence royale de police,
De Wurmb.

36ᵉ dépêche du théâtre de la guerre.

AU GÉNÉRAL DE BORKE, A KOENIGSBERG, PRUSSE.

Sainte-Barbe, près Metz, 1ᵉʳ septembre, 9 h. 45 soir.

Depuis hier matin, le maréchal Bazaine a engagé la bataille avec toute son armée contre le 1ᵉʳ corps d'armée renforcé par la division de Kummer. La lutte a duré jour et nuit, et hier dans la nuit et aujourd'hui l'ennemi a été victorieusement repoussé partout.

Les Français ont combattu avec une grande bravoure, mais ont dû plier devant les guerriers de la Prusse orientale. Le prince Frédéric-Charles, le commandant en chef des troupes d'investissement, a exprimé hier et aujourd'hui au 1ᵉʳ corps d'armée sa reconnaissance et l'a félicité de sa double victoire. La 4ᵉ division de landwehr a grandement contribué à la victoire d'aujourd'hui.

DE MANTEUFFEL.

Berlin, 2 septembre 1870.

Présidence royale de police,
DE WURMB.

37ᵉ dépêche du théâtre de la guerre.

Mundolsheim, 2 septembre, 11 h. soir.

L'ennemi a ouvert ce matin à quatre heures de tout le front des remparts un feu violent, mais mal dirigé. Vif combat d'artillerie. A huit heures l'ennemi était réduit au silence. Les pertes de notre artillerie ne sont pas encore connues, mais ne sont pas considérables. En même temps, l'ennemi faisait des sorties sur l'île Waaken et sur la gare. Le colonel Rentz, à la tête d'un bataillon du 2ᵉ régiment de grenadiers badois, rejeta l'ennemi de la gare jusque dans la forteresse. Le commandant Graef, de ce régiment, a été tué, cinquante soldats ont été tués ou blessés. L'attaque sur Waaken a été repoussée par le 30ᵉ régiment. Un officier et quatre chasseurs faits prisonniers. Le lieutenant de Versen a été blessé. La deuxième parallèle est presque achevée.

De WERDER.

Berlin, 2 septembre 1870.

Présidence royale de police,
De Wurmb.

38ᵉ dépêche du théâtre de la guerre.

Malancourt, 2 septembre, 11 h. 20 m. matin.

Du 31 août au matin jusqu'au 1ᵉʳ septembre à midi, le maréchal Bazaine n'a pas discontinué ses efforts pour se faire jour de Metz vers le nord avec plusieurs corps de son armée.

Le général de Manteuffel a, sous le commandement supérieur du prince Frédéric-Charles, repoussé toutes ces tentatives dans une suite de combats remarquables qui doivent être réunis sous le nom de bataille de Noisseville. L'ennemi a été de nouveau rejeté dans la forteresse.

Étaient en ligne : le 1ᵉʳ corps, le 9ᵉ, la division Kummer (ligne et landwehr) et la 28ᵉ brigade d'infanterie. Les combats les plus importants ont eu lieu autour de Servigny, Noisseville et Retonfay. Des attaques de nuit ont été repoussées à coups de crosse et de baïonnettes par nos soldats de la Prusse orientale. Nos pertes, relativement peu graves, ne peuvent encore être évaluées ; celles de l'ennemi sont très-considérables.

Général DE STIEHLE.

Berlin, 2 septembre 1870.
Présidence royale de police,
De Wurmb.

39ᵉ dépêche du théâtre de la guerre.

A LA REINE AUGUSTA, A BERLIN.

Devant Sedan, 2 septembre, 1 h. 1/2 de l'après-midi.

La capitulation, par laquelle toute l'armée est prisonnière de guerre à Sedan, vient d'être conclue avec le général Wimpfen, qui avait pris le commandement à la place du maréchal Mac-Mahon, blessé. L'Empereur ne m'a rendu que sa personne, puisqu'il n'a pas le commandement et a laissé à la régence, à Paris, le soin du gouvernement. Je déterminerai le lieu de sa résidence après m'être entretenu avec lui dans une entrevue qui va avoir lieu de suite.

Quelle tournure la Providence a donnée aux événements !

GUILLAUME.

Berlin, 3 septembre 1870.

Présidence royale de police,
DE WURMB.

40ᵉ dépêche du théâtre de la guerre.

Sainte-Menehould, 5 septembre, 2 h. 25 m. soir.

L'armée de Mac-Mahon, anéantie à Sedan, comptait encore plus de cent vingt mille hommes avant la bataille de Beaumont du 30 août. Le transport vers l'Allemagne des prisonniers, au nombre desquels se trouvent plus de cinquante généraux, est commencé. Nos armées marchent sur Paris.

DE PODBIELSKI.

Berlin, 6 septembre 1870.

Présidence royale de police,
DE WURMB.

41ᵉ dépêche du théâtre de la guerre.

Varennes, 4 septembre, 9 h. 45 m. matin.

L'armée ennemie qui a capitulé à Sedan comptait quatorze divisions d'infanterie, cinq divisions et demie de cavalerie, de l'artillerie et des équipages de trains en proportion. Pendant la bataille même du 1ᵉʳ, il a été fait trente mille prisonniers et pris plusieurs aigles et bon nombre de canons.

· Mac-Mahon est grièvement blessé. De notre côté, le colonel de Scherbening a été tué, le général de Gersdorff, le colonel de Bessel sont blessés. Nos pertes sont relativement faibles. L'empereur Napoléon est parti ce matin pour Cassel.

DE PODBIELSKI.

Berlin, 7 septembre 1870.

Présidence royale de police,
DE WURMB.

42ᵉ dépêche du théâtre de la guerre.

Reims, 6 septembre, 9 h. 20 m. soir.

Sa Majesté le Roi a fait aujourd'hui 5 septembre son entrée à Reims.

DE PODBIELSKI

Berlin, 7 septembre 1870.

Présidence royale de police,
DE WURMB.

43ᵉ dépêche du théâtre de la guerre.

Reims, 9 septembre 1 h. 20 m. soir.

Outre les vingt-cinq mille hommes faits prisonniers à la bataille de Sedan, la capitulation du 2 septembre a fait tomber entre nos mains quatre-vingt-trois mille hommes, dont quatre mille officiers, plus quatorze mille blessés. Nous avons en notre possession plus de quatre cent pièces de campagne dont soixante etdix mitrailleuses, cent cinquante pièces de forteresse, dix mille chevaux, un immense matériel de guerre.

En ajoutant aux prisonniers les pertes faites à la bataille de Beaumont et trois mille hommes environ débandés en Belgique, l'on trouve qu'avant cette bataille l'armée de Mac-Mahon devait compter près de cent cinquante mille hommes.

De PODBIELSKI.

Berlin, 10 septembre 1870.

Présidence royale de police,
De WURMB.

44ᵉ dépêche du théâtre de la guerre.

A LA REINE AUGUSTA, A BERLIN.

Reims, 11 sptembre, 10 h. soir.

Triste nouvelle hier de Laon, où la citadelle a sauté après la capitulation de sa garnison et l'entrée de la nôtre ; cinquante soldats et trois cents gardes mobiles tués et Guillaume de Mecklembourg blessé ; beaucoup de mutilés.

Il y a certainement trahison.

GUILLAUME.

Berlin, 10 septembre 1870.

Présidence royale de police,
De WURMB.

3

45ᵉ dépêche du théâtre de la guerre.

D'après avis qui me parvient à l'instant, Laon s'est rendu le 9 à la 6ᵉ division de cavalerie.

Après la conclusion de la capitulation, la 4ᵉ compagnie du 4ᵉ bataillon de chasseurs occupa la citadelle. Le dernier homme de la garde mobile venait de quitter la citadelle lorsque l'ennemi fit traîtreusement sauter la poudrière. — Bouleversement terrible dans la citadelle et la ville. Le duc Guillaume blessé. Quatre-vingt-quinze chasseurs de la compagnie, plus de trois cents gardes mobiles tués ou blessés.

DE PODBIELSKI.

Berlin, 13 septembre 1870.

Présidence royale de police,
DE WURMB.

46ᵉ dépêche du théâtre de la guerre.

Mundolsheim, 15 septembre 1870.

Après achèvement de la troisième parallèle les 13 et 14 courant, le couronnement des glacis devant l'ouvrage de défense n° 53 a eu lieu cette nuit. La batterie de brèche donne de bons résultats. La République a été proclamée le 13 à Strasbourg. Le détachement du général Keller a dispersé deux cents francs-tireurs près Biesheim et Colmar.

DE WERDER.

Berlin, 16 septembre 1870.

Présidence royale de police,
DE WURMB.

47ᵉ dépêche du théâtre de la guerre.

Quartier-général, Meaux, 15 septembre.

L'ennemi a détruit en pure perte sur les routes et chemins de fer aboutissant à Paris de nombreux et importants ouvrages d'art, dont la destruction n'arrête pas une heure la marche de nos colonnes.

De PODBIELSKI.

Berlin, 16 septembre 1870.

Présidence royale de police,
De Wurmb.

48ᵉ dépêche (a) du théâtre de la guerre.

DE L'ARMÉE DEVANT PARIS.

1. Du grand quartier-général. 20 septembre.

A la suite des mouvements préparatoires de ces derniers jours, l'investissement complet de Paris a été effectué le 19 par une marche en avant de tous les corps de l'armée. Sa Majesté le Roi a reconnu aujourd'hui dans la journée le front nord-est des fortifications.

De PODBIELSKI.

II. Télégramme adressé de Versailles, le 20 septembre, par S. A. R. le Prince Royal à S. M. la Reine.

L'investissement de Paris a été victorieusement exécuté sur la ligne de Versailles à Vincennes par mon armée, qui a repoussé l'ennemi et a enlevé une redoute et sept canons. Pertes légères.

Berlin, 22 septembre 1870.

Présidence royale de police,
De Wurmb :

48ᵉ dépêche (b) du théâtre de la guerre.

III. Extraits de plusieurs télégrammes de S. M. le Roi à Sa Majesté
la Reine, 20 septembre.

Hier matin, j'ai été informé de l'abandon par l'ennemi de sa position de Pierrefitte, au nord de Saint-Denis, dès que nos troupes
eurent paru. — A l'instant, je reçois la nouvelle que, hier, dans
l'après-midi, le 5ᵉ corps et le 2ᵉ corps bavarois, après avoir traversé
la Seine près de Villeneuve-Saint-Georges au sud de Paris, ont
attaqué sur les hauteurs de Sceaux trois divisions du général Vinoy,
les ont battues en leur prenant sept canons et leur faisant un grand
nombre de prisonniers et les ont rejetées en arrière des forts sur
Paris. Mon 7ᵉ régiment a de nouveau subi de fortes pertes. Fritz se
trouvait présent. Le temps est magnifique depuis huit jours.

DU CORPS D'ARMÉE ASSIÉGEANT STRASBOURG.

Mundolsheim, 20 septembre.

La lunette 53 a été enlevée aujourd'hui à quatre heures et demie
du soir avec une vigueur surprenante par le lieutenant de Müller,
du régiment des fusiliers de la garde, à la tête de soldats appartenant
au bataillon Cottbus de la landwehr de la garde. L'ennemi ouvrit
un feu d'infanterie excessivement vif qui a été réduit au silence vers
huit heures.

Berlin, 21 septembre 1870.

Présidence royale de police,
DE WURMB.

49ᵉ dépêche du théâtre de la guerre.

I. DE L'ARMÉE DEVANT PARIS.

Ferrières, 20 septembre.

L'investissement de Paris a donné lieu aux engagements suivants dans lesquels nous avons été victorieux : Le 17, des portions de la 17e brigade ont mis en déroute des bataillons ennemis au nord de la forêt de Brévannes. Le 18, petit combat près de Bicêtre ; le 19, l'ennemi a été chassé de la redoute qui y avait été établie, et rejeté jusque derrière les forts par le 5e corps prussien et le 2e corps bavarois avec perte de sept canons. Nos pertes sont relativement faibles. A Versailles, nous avons fait prisonniers deux mille gardes mobiles. Sèvres, qui nous a demandé une garnison, a été occupé.

De PODBIELSKI.

2. DU CORPS D'ARMÉE ASSIÉGEANT STRASBOURG.

Mundolsheim, 22 septembre.

Hier dans la nuit, à onze heures, un pont a été établi avec des barriques dans la direction de la lunette 52 qui était abandonnée, et cet ouvrage a été occupé. Pendant que nous nous y installions, l'ennemi dirigea sur cette position un feu très-violent. Le 34e régiment et une compagnie de la landwehr de la garde (Lissa) se maintinrent cependant et se logèrent dans l'ouvrage. Le major de Quitzow a été tué. Nos pertes ne sont pas encore bien connues, mais sérieuses. Nous avons pris cinq canons dans la lunette 53.

De WERDER.

Berlin, 22 septembre 1870.

Présidence royale de police,
De WURMB.

50e dépêche du théâtre de la guerre.

AU GÉNÉRAL DE HANENFELDT.

Écrouves, 23 septembre, 5 h. 35 m. soir.

Toul est pris.

De KRENSKI.

Berlin, 24 septembre 1870.
Présidence royale de police,
De WURMB.

51ᵉ dépêche du théâtre de la guerre.

Ferrières, 23 septembre 1870.

Rien de nouveau devant Paris. Les journaux de Paris, du 22, avouent, au sujet du combat du 19, que quatre divisions de ligne y ont pris part, se sont repliées en désordre et ont porté la panique jusque dans l'intérieur de la ville. Les mêmes journaux exaltent la garde mobile, qui n'a cependant rien fait aux dépens de la ligne, qu'ils accablent d'invectives.

Le grand-duc de Mecklembourg annonce à l'instant que Toul s'est rendu aujourd'hui à cinq heures et demie, aux conditions de la capitulation de Sedan, après une canonnade de huit heures.

De PODBIELSKI.

Berlin, 24 septembre 1870.

Présidence royale de police,
De WURMB.

52ᵉ dépêche du théâtre de la guerre.

Nouvelles militaires officielles.

Ecrouves, 24 septembre.

La capitulation de Toul a fait tomber entre nos mains cent neuf officiers, deux mille deux cent quarante soldats, cent vingt chevaux, un drapeau de la garde nationale mobile, cent quatre-vingt-dix-sept canons de bronze, au nombre desquels quarante-huit pièces rayées, trois mille fusils, trois mille sabres, cinq cents cuirasses, des approvisionnements considérables de munitions et d'équipement, cent quarante-trois mille vingt-cinq portions et cinquante et un mille neuf cent quarante-neuf rations journalières.

DE KRENSKI.

Berlin, 25 septembre 1870.

Présidence royale de police,
DE WURMB.

53ᵉ dépêche du théâtre de la guerre.

Nouvelles militaires officielles.

Ferrières, 25 septembre 1870.

I.

Rien d'autre à signaler devant Paris que des engagements insignifiants de patrouilles.

DE PODBIELSKI.

II.

Un télégramme de Versailles, du 25 septembre, donne la situation de la 3ᵉ armée devant Paris et ajoute : L'ennemi n'entreprend rien de sérieux, fait promener trois canonnières sur la Seine. De tous côtés, l'on peut constater des ouvrages fortifiés et des barricades.

KARNATZ.

Berlin, 26 septembre 1870.

Présidence royale de police,
DE WURMB.

54ᵉ dépêche du théâtre de la guerre.

Nouvelles militaires officielles.

TÉLÉGRAMME.

Ferrières, 27 septembre, 11 h soir.

A LA REINE AUGUSTA, A BERLIN.

Strasbourg a capitulé hier soir à neuf heures.

GUILLAUME.

Berlin, 28 septembre 1870.
Présidence royale de police,
DE WURMB.

55ᵉ dépêche du théâtre de la guerre.

Nouvelles militaires officielles.

Mundolsheim, 28 septembre 1870.

A SA MAJESTÉ LA REINE, A BERLIN.

La capitulation de Strasbourg vient d'être conclue à l'instant (2 h. de la nuit) par le lieutenant-colonel Leszynski. Quatre cents cinquante et un officiers, dix-sept mille soldats, y compris la garde nationale, ont déposé les armes. Les portes de Strasbourg seront occupées à huit heures.

DE **WERDER.**

Berlin, 28 septembre 1870.
Présidence royale de police,
DE WURMB.

56e dépêche du théâtre de la guerre.

Nouvelles militaires officielles.

Ferrières, 28 septembre 1870.

Quatre conduites télégraphiques ont été découvertes par nous et détruites dans le lit de la Seine et sous terre; elles mettaient Paris en communication avec Rouen et le Sud.

Rien d'autre à signaler.

De PODBIELSKI.

Berlin, 29 septembre 1870.

Présidence royale de police,
De WURMB.

57e dépêche du théâtre de la guerre.

Nouvelles militaires officielles.

Ferrières, 30 septembre.

Le 30 au matin, de fortes masses de troupes de ligne françaises ont fait de Paris une sortie contre le 6e corps d'armée. En même temps, trois bataillons ennemis attaquaient les avancées du 5e corps d'armée, tandis qu'une brigade française faisait une démonstration contre le 11e corps d'armée. Après un combat de deux heures seulement, dans lequel l'ennemi a subi des pertes très-considérables, sans que nos réserves eussent besoin d'entrer en ligne, les Français se replièrent en toute hâte sous la protection des forts. Nos pertes ne sont pas connues, mais peu importantes; ainsi, au 11e corps, seulement huit hommes. Plusieurs centaines de prisonniers en notre pouvoir.

De PODBIELSKI.

Versailles, 30 septembre.

Le 30 septembre, anniversaire de la naissance de Sa Majesté la Reine, le 6e corps d'armée a repoussé avec une grande bravoure une sortie que la plus grande partie du corps de Vinoy tentait dans la direction du Sud, et lui a fait plus de deux cents prisonniers. Le Prince Royal était présent pendant tout le temps de l'engagement. Une sortie ennemie, faite vers le Sud-Ouest, contre le 5e corps d'armée, a été également repoussée sans que nos pertes soient sensibles.

KARNATZ.

Berlin, 1er octobre 1870.

Présidence royale de police,
DE WURMB.

58e dépêche du théâtre de la guerre.

Nouvelles militaires officielles.

Berlin, 6 août 1870.

Aujourd'hui entrée dans Strasbourg, et aussitôt service solennel dans l'église Saint-Thomas. Plus de cinq cents officiers ont signé des engagements d'honneur, cinquante à cent sont prisonniers de guerre. Le chiffre des prisonniers n'est pas encore arrêté, puisque l'on en fait constamment de nouveaux. Le butin à Strasbourg est considérable. Nous avons jusqu'ici compté mille soixante et dix canons; nous avons trouvé à la Banque deux millions de francs, propriété de l'État; huit millions de francs laissent encore des doutes. Grands approvisionnements de munitions et notamment de draps.

Par ordre : DE LESZYNSKI.

Reims, 30 septembre 1870.

Les bataillons de landwehr Landsberg, Francfort, Woldenberg, du 13e corps d'armée, ont, le 28 septembre, repoussé des sorties répétées de la garnison de Soissons. La garnison a demandé une suspension d'armes pour l'enlèvement de ses morts et blessés. Les pertes de notre côté sont faibles.

De KRENSKI.

Berlin, 2 octobre 1870.

Présidence royale de police,
De WURMB.

59e dépêche du théâtre de la guerre.

Nouvelles militaires officielles.

Quartier-général de Corny, devant Metz, 8 octobre.

L'ennemi a attaqué hier à deux heures de l'après-midi la division Kummer par Woippy. Combat violent jusqu'à la nuit. L'ennemi a été repoussé sur tous les points avec de grandes pertes et poursuivi la nuit. La 9e brigade d'infanterie et des fractions du 10e corps ont combattu énergiquement. L'ennemi avait également en ligne des troupes de la garde ; il déployait en même temps sur la rive droite de la Moselle plusieurs divisions contre les 1er et 10e corps. La canonnade de ce côté fut très-violente. Les pertes, notamment dans la division Kummer et dans le 10e corps, peuvent être évaluées à cinq cents hommes ; celles du 3e corps à cent trente hommes.

De STIEHLE.

.Berlin, 8 octobre 1870.

Présidence royale de police,
De WURMB.

60ᵉ dépêche du théâtre de la guerre.

Nouvelles militaires officielles.

Versailles, 8 octobre.

La dépêche qui rend compte de la sortie tentée le 7 de Metz par Bazaine continue ainsi : Le 6, combat victorieux livré par la brigade badoise Degenfeld, entre Raon-l'Étape et Saint-Dié, à de grandes masses de francs-tireurs et de détachements de troupes françaises commandés par le général Dupré. Ce dernier a été blessé, et l'ennemi a été dispersé.

Devant Paris, rien de nouveau.

De PODBIELSKI.

Berlin, 9 octobre 1870.

Présidence royale de police,
De WURMB.

61ᵉ dépêche du théâtre de la guerre.

Nouvelles militaires officielles.

Versailles, 11 octobre.

Un corps formé de diverses troupes de l'armée du Prince Royal et commandé par le général von der Tann, a battu, le 10 courant, une partie de l'armée de la Loire près d'Orléans. Mille prisonniers et trois canons sont entre nos mains. L'ennemi fuit en désordre.

De GOTTBERG.

Berlin, 11 octobre 1870.

Présidence royale de police,
De WURMB.

62ᵉ dépêche du théâtre de la guerre.

Nouvelles militaires officielles.

Versailles, 11 octobre.

Le corps bavarois von der Tann, les divisions de cavalerie du prince Albert et du comte Stolberg ont battu, le 10, une division ennemie près d'Artenay, lui ont pris trois canons et fait deux mille prisonniers. Notre perte est d'environ cent dix hommes. L'ennemi a fui dans le plus grand désordre. La poursuite continue. La prise d'Orléans est imminente. La division de cavalerie Rheinhaben a rejeté, le 10 courant, quatre mille gardes mobiles au delà de l'Eure, près Chérisy, en leur faisant subir des pertes sérieuses.

Devant Paris, rien de nouveau.

De PODBIELSKI.

Berlin, 12 octobre 1870.

Présidence royale de police,
De WURMB.

63ᵉ dépêche du théâtre de la guerre.

Nouvelles militaires officielles.

Versailles, 12 octobre 1870.

Le 11, l'armée de la Loire a été rejetée sur Orléans et en arrière au delà de la Loire, après un combat de neuf heures. Orléans a été enlevé d'assaut. Nous avons fait plusieurs milliers de prisonniers. Nos pertes sont relativement faibles. Étaient engagés de notre côté le 1ᵉʳ corps bavarois, la 22ᵉ division d'infanterie et de cavalerie.

De PODBIELSKI.

Berlin, 13 octobre 1870.
Présidence royale de police,
De WURMB.

64ᵉ dépêche du théâtre de la guerre.

Nouvelles militaires officielles.

Versailles, 13 octobre.

Les Français ont incendié sans aucun motif le château de Saint-Cloud que nous avions ménagé. Dix bataillons ennemis ont fait une sortie que le 2ᵉ corps bavarois n'a pas eu de peine à repousser. Nous n'avons perdu que dix-neuf hommes.

DE PODBIELSKI.

Berlin, 14 octobre 1870.

Présidence royale de police,
DE WURMB.

———

65ᵉ dépêche du théâtre de la guerre.

Nouvelles militaires officielles.

Venizel, 16 octobre, 3 h. matin.

Soissons vient de capituler après s'être vigoureusement défendu pendant quatre jours avec son artillerie.

DE KRENSKI.

———

Versailles, 15 octobre.

Il est à peine nécessaire de faire connaître que les bruits répandus de Tours sur des avantages remportés par les Français devant Paris sont controuvés, et n'ont d'autre but que de relever le moral des esprits en France. Nos troupes d'investissement conservent exactement les positions qu'elles ont occupées le 19 septembre. Les 14 et 15, petits engagements de patrouilles devant Paris.

DE PODBIELSKI.

Berlin, 16 octobre 1870.

Présidence royale de police,
DE WURMB.

66ᵉ dépêche du théâtre de la guerre.

Nouvelles militaires officielles.

Venizel, 16 octobre.

Aujourd'hui, à trois heures, entrée du grand-duc de Mecklembourg à Soissons, à la tête de l'artillerie de forteresse de Poméranie, de Magdebourg et de la Hesse ; des pionniers du Schleswig, des bataillons de landwher Francfort, Cüstrin, Landsberg, Woldenberg, Brandebourg, Ruppin, Prentzlau, Jüterbogt et de la grosse cavalerie de Halberstadt. Nos pertes, pendant cet investissement de trois semaines, après des engagements d'avant-postes journaliers et une canonnade de quatre jours, sont faibles. Nous avons fait quatre mille prisonniers et pris cent trente-deux canons.

DE KRENSKI.

Berlin, 17 octobre 1870.

Présidence royale de police,
DE WURMB.

67ᵉ dépêche du théâtre de la guerre.

Nouvelles militaires officielles.

Versailles, 17 octobre 1870.

(Retardée par le dérangement de la ligne télégraphique.)

Le général Senfft de Pilsach a dispersé, le 12 octobre, trois mille mobiles de Breteuil. Devant Paris, le 14, sortie de plusieurs bataillons français, repoussés par les gardes de tranchées et quelques pièces de canon du 12ᵉ corps. Le 15, l'ennemi a travaillé à des redoutes près de Villejuif ; l'artillerie de campagne du 6ᵉ corps l'a dispersé. Pas de pertes de notre côté.

De PODBIELSKI.

Versailles 18 octobre.

Devant Paris, rien de nouveau. Le général de Werder mande : Les troupes ennemies que j'avais devant moi se sont, à notre approche, repliées sur Belfort et par le chemin de fer sur Dijon, dans un désordre qui ressemblait à une fuite. Nous avons coupé le chemin de Belfort-Vesoul. Les habitants, délivrés du terrorisme, nous font très-bon accueil. Cinq cents gardes mobiles prisonniers sont parvenus à s'échapper dans les environs de Château-Thierry pendant une attaque des francs-tireurs.

Berlin, 19 octobre 1870.

Présidence royale de police,
De WURMB.

68ᵉ dépêche du théâtre de la guerre.

Nouvelles militaires officielles.

Versailles, 19 octobre.

La 22ᵉ division de l'armée du Prince Royal a attaqué hier, près de Châteaudun, l'ennemi, fort d'environ quatre mille hommes, l'a battu, et a enlevé d'assaut la ville barricadée. Nous avons fait de nombreux prisonniers. Nos pertes sont faibles.

De BLUMENTHAL.

Berlin, 20 octobre 1870.

Présidence royale de police,
De WURMB.

69ᵉ dépêche du théâtre de la guerre.

Nouvelles militaires officielles.

Versailles, 20 octobre.

Dans la nuit du 19 au 20, l'ennemi nous a tenus en éveil devant Paris par une violente canonnade des forts et des sorties répétées d'infanterie dirigées sur les avant-postes prussiens du côté de Chevilly, sans que ceux-ci aient éprouvé de pertes. Le 17, Mont-didier a été occupé par un détachement de l'armée de la Meuse, et nous y avons pris quatre officiers et cent soixante-dix-huit gardes mobiles. Le 11, le commandant d'étapes de Stenay a été enlevé dans une sortie de la garnison de Montmédy.

DE PODBIELSKI.

Berlin, 21 octobre 1870.

Présidence royale de police,
DE WURMB.

70ᵉ dépêche du théâtre de la guerre (a).

Nouvelles militaires officielles.

Versailles, 21 octobre.

A LA REINE AUGUSTA, A HOMBOURG.

Je reviens à l'instant d'un petit combat près de la Malmaison ; douze bataillons français sont sortis du Mont-Valérien avec qua-rante canons et ont été repoussés après un combat de trois heures. Nous suivions la lutte du haut du viaduc de Marly. Tout Versailles avait été mis en émoi.

GUILLAUME.

4

Versailles, 21 octobre 1870.

Le 21 octobre, à une heure de l'après-midi, une sortie des troupes françaises du Mont-Valérien, en forces considérables, et avec environ quarante canons de campagne, a été victorieusement soutenue par les postes avancés des 9e et 10e divisions d'infanterie et du 1er régiment de landwehr de la Garde, soutenus par le feu de l'artillerie du 4e corps, en position sur la rive droite de la Seine, et l'ennemi a été repoussé sous les yeux de Sa Majesté le Roi, en laissant entre nos mains plus de cent prisonniers et deux canons de campagne. Nos pertes sont relativement faibles. Si, comme il n'en faut pas douter, ce combat donne à nos adversaires l'occasion d'un nouveau bulletin de victoire, nous y trouverons la meilleure preuve du peu qu'il faut pour les satisfaire.

De PODBIELSKI.

Un télégramme du lieutenant général de Blumenthal parle du même combat, et ajoute que les deux canons ont été pris par le 50e régiment d'infanterie.

Berlin, 22 octobre 1870.

Présidence royale de police,
De WURMB.

70e dépêche du théâtre de la guerre (b).

Reims, 21 octobre 1870.

Nous avons pris à Soissons quatre-vingt-dix-neuf officiers, quatre mille six cent trente-trois soldats, cent vingt-huit canons, soixante-dix mille grenades, trois mille quintaux de poudre, une caisse militaire contenant quatre-vingt-douze mille francs, un magasin abondamment approvisionné pour l'entretien d'une division pendant trois mois, et beaucoup d'effets d'habillement.

De KRENSKI.

Berlin, 22 octobre 1870.

Présidence royale de police,
De WURMB.

71ᵉ dépêche du théâtre de la guerre.

Nouvelles militaires officielles.

Kintzheim, 24 octobre.

Schlestadt a capitulé aujourd'hui.

Deux mille quatre cents prisonniers, cent vingt canons sont en notre pouvoir.

De SCHMELING.

Berlin, 24 octobre 1870.

Présidence royale de police,
De WURMB.

72ᵉ dépêche du théâtre de la guerre.

Nouvelles militaires officielles.

Versailles, 25 octobre 1870.

Le général de Werder a rejeté le 22, à la suite d'un violent combat, au delà de l'Ognon et de Auxon-Dessus, vers Besançon, l'armée dite de l'Est, formée de deux divisions, et commandée par le général Cambriels, qui se trouvait en position près de Rioz et d'Étuz. Nous avions engagé dans ce combat la brigade Degenfeld, des troupes des brigades Prince-Guillaume et Keller, et deux bataillons du régiment N° 30. Nous avons perdu trois officiers et environ cent hommes. L'ennemi a subi de grandes pertes ; nous lui avons pris deux officiers d'état-major, treize autres officiers et cent quatre-vingts soldats, et il s'est replié dans le plus grand désordre.

DE PODBIELSKI.

Berlin, 26 octobre 1870.

Présidence royale de police,
DE WURMB.

73ᵉ dépêche du théâtre de la guerre.

Nouvelles militaires officielles.

27 octobre.

A LA REINE AUGUSTA, A HOMBOURG.

Ce matin l'armée de Bazaine et la place de Metz ont capitulé. Cent cinquante mille prisonniers y compris vingt mille blessés et malades. L'armée et la garnison déposeront les armes cette après-midi.

C'est un des plus grands événements du mois ! Grâces à la Providence !

GUILLAUME.

Berlin, 27 octobre 1870.

Présidence royale de police,
DE WURMB.

74ᵉ dépêche du théâtre de la guerre.

Nouvelles militaires officielles.

Versailles, 28 octobre 1870.

La capitulation a été signée hier soir et l'ordre de tirer *Victoria* transmis directement à Berlin. Le 29 et non le 27 la ville et les forts seront occupés. Sont prisonniers: cent soixante-treize mille soldats, trois maréchaux, plus de six mille officiers.

GUILLAUME.

Berlin, 28 octobre 1870.

Présidence royale de police,
DE WURMB.

75ᵉ dépêche du théâtre de la guerre.

Nouvelles militaires officielles.

29 octobre.

A LA REINE AUGUSTA, A HOMBOURG.

Ce grand fait que les deux armées ennemies qui marchaient contre nous au mois de juillet sont maintenant prisonnières de guerre, m'a fait prendre hier la décision de nommer feld-maréchaux les deux commandants en chef de nos armées, Fritz et Frédéric-Charles. C'est la première fois que cette distinction est conférée dans notre maison.

GUILLAUME.

Berlin, 30 octobre.

Présidence royale de police,
DE WURMB.

76ᵉ dépêche du théâtre de la guerre.

Nouvelles militaires officielles.

Versailles, 28 octobre.

Retardée et parvenue par la poste.

Sa Majesté le Roi a daigné conférer le titre de comte au général baron de Moltke.

Dans l'expédition des troupes wurtembergeoises signalée hier, cinq officiers et deux cent quatre-vingt-dix-sept gardes mobiles sans blessures ont été faits prisonniers ; en outre, trois cents gardes nationaux ont été désarmés à Montereau. Nous avons eu un enseigne et neuf hommes tués, un officier d'état-major, un lieutenant et quarante hommes blessés. Devant Paris, aucun changement.

De PODBIELSKI.

Le télégramme d'hier dont parle la dépêche n'est pas arrivé.
Berlin, 30 octobre 1870.

Présidence royale de police,
De WURMB.

77ᵉ dépêche du théâtre de la guerre.

Nouvelles militaires officielles.

Versailles, 27 octobre.

Retardée et parvenue par la poste :

Après des engagements victorieux à Montereau et Nangis, le commandant wurtembergeois de ce district en a chassé les francs-tireurs et a dispersé les gardes mobiles qui le parcouraient. L'ennemi a perdu une mitrailleuse, un canon et plus de cent tués et blessés. Nous avons eu un enseigne et neuf hommes tués.

De PODBIELSKI.

Observation. — Cette dépêche est celle mentionnée dans le télégramme du 28, comme expédiée la veille.
Berlin, 30 octobre 1870.

Présidence royale de police,
De WURMB.

78e dépêche du théâtre de la guerre.

Versailles, 30 octobre.

De l'armée de la Meuse nous parviennent les avis suivants :

Le 28, l'ennemi a fait replier nos avant-postes du Bourget à l'est de Saint-Denis. Il fut constaté vers le soir par des reconnaissances dans des plis de terrain rapprochés de cette position que l'ennemi l'occupait avec des forces considérables. En conséquence, la 2e division d'infanterie de la garde attaqua les Français le 30, et après un sanglant combat fort brillamment soutenu par nos troupes, elle rejeta l'ennemi de la position dans laquelle il s'était cependant déjà fortifié. Nous avons déjà plus de trente officiers et mille deux cents hommes prisonniers entre nos mains. Nos pertes, non encore déterminées, sont sensibles.

DE PODBIELSKI.

Berlin, 31 octobre 1870.

Présidence royale de police,
DE WURMB.

79e dépêche du théâtre de la guerre.

Nouvelles militaires officielles.

Versailles, 31 octobre.

Le prince Frédéric-Charles mande que cinquante-trois aigles avec les drapeaux nous ont été livrés à Metz. Thiers est revenu aujourd'hui de Paris ici. Du reste, rien de nouveau devant Paris. Les avant-postes du général de Werder ont attaqué le 20 des détachements ennemis dans les environs de Gray, les ont battus et mis en fuite dans toutes les directions et ont fait prisonniers quinze officiers et cinq cents hommes.

DE PODBIELSKI.

Versailles, 1er novembre.

La 2e division d'infanterie de la garde a perdu, dans le combat du 30 octobre, trente-quatre officiers et quatre cent quarante-neuf hommes. Le Mont-Valérien a tiré hier soir et ce matin avec violence sans nous causer de pertes.

DE PODBIELSKI.

Berlin, 2 novembre 1870.

Présidence royale de police,
DE WURMB.

80e dépêche du théâtre de la guerre.

Nouvelles militaires officielles.

Versailles, 2 novembre.

Le général de Werder mande que le général de Beyer a rencontré le 30 devant Dijon une vigoureuse résistance. Le prince Guillaume de Bade a enlevé les hauteurs de Sainte-Apollinaire et les faubourgs, ce qui détermina la retraite de l'ennemi. Le 31, dans la matinée, le maire a rendu la ville. Nous avons eu cinq officiers blessés, deux cent cinquante soldats tués ou blessés. Les pertes de l'ennemi sont très-considérables. Devant Paris, rien à signaler.

DE PODBIELSKI.

Künheim, 2 novembre.

Depuis ce matin, le feu a été ouvert sur Neuf-Brisach par trois batteries établies près de Biesheim et de Wolfgantzen et sur le fort Mortier par trois batteries en position près de Vieux-Brisach.

DE SCHMELING.

Berlin, 3 novembre 1870.

Présidence royale de police,
DE WURMB.

81ᵉ dépêche du théâtre de la guerre.

Nouvelles militaires officielles.

Versailles, 4 novembre.

La place forte de Belfort est investie depuis le 3 par nos troupes à la suite d'une série de petits engagements où elles ont eu l'avantage.

De PODBIELSKI.

D'une communication du général commandant de Zastrow, il résulte que nous avons jusqu'à ce jour trouvé à Metz : cinquante-trois aigles et drapeaux, cinq cent quarante et un canons de campagne, le matériel pour plus de quatre-vingt-cinq batteries, environ huit cents canons de forteresse, soixante-six mitrailleuses, environ trois cent mille fusils, une énorme quantité de cuirasses, sabres, etc, près de deux mille voitures d'équipages militaires, de grandes masses de bois, plomb, bronze non travaillé, une fabrique de poudre d'une grande valeur, complétement installée, etc.

Berlin, 5 novembre 1870.

Présidence royale de police,
De WURMB.

82ᵉ dépêche du théâtre de la guerre.

Nouvelles militaires officielles.

Künhein, 7 novembre 1870.

Le fort Mortier a capitulé cette nuit ; deux cent vingt prisonniers et cinq canons sont entre nos mains.

De SCHMELING.

Versailles, 6 novembre.

A la date du 6, aucun engagement n'est signalé.

DE PODBIELSKI.

Berlin, 7 novembre 1870

Présidence royale de police,
DE WURMB.

83e dépêche du théâtre de la guerre.

Nouvelles militaires officielles.

Le général de Trescow mande des Errues devant Belfort, à la date du 6 novembre, que la division qui opère entre Colmar et Belfort a dispersé des francs-tireurs dans plusieurs petits engagements. Le 2, ont été livrés des combats à des gardes mobiles près des Errues, de Rougemont et de Petit-Magny ; dans le dernier seulement, l'ennemi a laissé sur le champ de bataille cinq officiers et cent trois soldats morts. Le 3, Belfort a été investi et les communications avec le général de Werder ont été rétablies.

Berlin, 8 novembre 1870.

Présidence royale de police,
DE WURMB.

84e dépêche du théâtre de la guerre.

Nouvelles militaires officielles.

Charny, 8 novembre.

Verdun a capitulé.

DE GAYL.

Berlin, 9 novembre 1870.

Présidence royale de police,
DE WURMB.

85ᵉ dépêche du théâtre de la guerre.

Nouvelles militaires officielles.

Versailles, 8 novembre.

La place de Verdun a capitulé le 8 novembre. Le 7, des détachements de la 9ᵉ brigade d'infanterie ont eu avec des gardes mobiles, à Bretenay, entre Bologne et Chaumont, une rencontre qui a coûté à l'ennemi soixante et dix morts et blessés et quarante prisonniers, tandis que nous avons eu seulement deux blessés.

De PODBIELSKI.

Colmar, 9 novembre.

Montbéliard a été occupé aujourd'hui sans résistance pour assurer l'investissement de Belfort et mis en état de défense.

De TRESCOW.

Berlin, 9 novembre 1870.

Présidence royale de police,
De WURMB.

86ᵉ dépêche du théâtre de la guerre.

Nouvelles militaires officielles.

Künheim, 10 novembre 1870.

Neuf-Brisach vient de capituler; cent officiers et cinq mille hommes sont prisonniers de guerre, cent canons conquis. La remise de la place aura lieu demain à dix heures du matin.

De SCHMELING.

Versailles, 10 novembre.

L'armée de la Loire ayant fait un mouvement en avant en se portant par Beaugency sur la rive droite de la Loire, le général von der Tann a pris position contre elle le 20 courant en dehors d'Orléans, et après avoir constaté la force de l'ennemi, s'est retiré en combattant sur Saint-Pérany.

De PODBIELSKI.

Versailles, 10 novembre.

Le général von der Tann, qui a évacué Orléans, mande qu'à la date du 10, l'ennemi ne semblait pas poursuivre son mouvement en avant.

De PODBIELSKI.

Berlin, 11 novembre 1870.

Présidence royale de police,
De WURMB.

87e dépêche du théâtre de la guerre.

Nouvelles militaires officielles.

Versailles, 11 novembre.

A LA REINE AUGUSTA, A HOMBOURG.

Avant-hier le général von der Tann s'est replié devant des forces supérieures d'Orléans sur Toury en combattant, et a fait à ce dernier point sa jonction hier avec le général Wittich et le prince Albert (père), venant de Chartres. Le grand-duc de Mecklembourg se joint à eux aujourd'hui.

GUILLAUME.

Berlin, 11 novembre 1870.
Présidence royale de police,
De WURMB.

88ᵉ dépêche du théâtre de la guerre.

Nouvelles militaires officielles.

Versailles, 11 novembre.

Le général von der Tann ne fait pas savoir que les troupes ennemies en position devant lui aient fait d'autre mouvement en avant.

De PODBIELSKI.

———————

Verdun, 11 novembre.

La capitulation de Verdun nous livre : deux généraux, onze officiers d'état-major, cent cinquante officiers et environ quatre mille hommes prisonniers de guerre, cent trente-six canons de divers calibres, près de vingt-trois mille fusils d'infanterie, et de grands approvisionnements de matériel de guerre de diverse nature.

De GAYL.

Berlin, 12 novembre 1870.

Présidence royale de police,
De WURMB.

———————

89ᵉ dépêche du théâtre de la guerre.

Nouvelles militaires officielles.

Versailles, 12 novembre.

Dans le combat soutenu le 9 courant par le général von der Tann, la retraite n'a commencé qu'après que toutes les attaques de l'ennemi eurent été repoussées avec de grosses pertes pour lui.

Le 10, à midi, une section de la réserve bavaroise de munitions, avec laquelle se trouvaient deux canons de réserve, s'égara et tomba dans les mains de l'ennemi. Le 12, aucun mouvement de l'armée de la Loire n'a été signalé; rien de nouveau, non plus, devant Paris.

De PODBIELSKI.

Berlin, 13 novembre 1870.

Présidence royale de police,
De Wurmb.

90ᵉ dépêche du théâtre de la guerre.

Nouvelles militaires officielles.

Versailles, 13 novembre.

Le général von der Tann annonce que ses pertes du 9 s'élèvent à quarante-deux officiers et six cent soixante-sept soldats tués et blessés. L'ennemi, dans un rapport officiel, porte ses pertes à deux mille hommes.

De PODBIELSKI.

Les Errues, devant Belfort, 13 novembre.

L'Isle-sur-Doubs et Clerval ont été occupés le 12 après deux légers engagements. Les gardes mobiles sont en retraite vers le Sud. Des mines placées sous des ponts ont été déchargées. Il n'y a pas trace de francs-tireurs. Depuis deux jours, il tombe de la neige.

De TRESCOW.

Berlin, 14 novembre 1870.

Présidence royale de police,
De Wurmb.

91ᵉ dépêche du théâtre de la guerre.

Nouvelles militaires officielles.

Le 12 novembre, la canonnière de Sa Majesté, *Météore*, capitaine-lieutenant Knorr, a eu l'avantage dans un combat contre l'aviso français le *Bouvet*; celui-ci, gravement avarié, s'enfuit vers la Havane, où le *Météore* l'a poursuivi. Ce dernier a eu deux tués et un blessé.

Berlin, 15 novembre 1870.

Présidence royale de police,
De Wurmb.

92ᵉ dépêche du théâtre de la guerre.

Nouvelles militaires officielles.

Les Errues, devant Belfort, 16 novembre.

Ce matin, trois bataillons munis de six canons ont fait une sortie de Belfort vers Bessoncourt. L'ennemi a été repoussé avec perte de deux cents morts et blessés et cinquante-huit prisonniers.

De TRESCOW.

Berlin, 17 novembre 1870.

Présidence royale de police,
De Wurmb.

93ᵉ dépêche du théâtre de la guerre.

Nouvelles militaires officielles.

Versailles, 18 novembre.

A LA REINE AUGUSTA, A COBLENTZ.

Le grand-duc de Mecklembourg a fait replier hier l'ennemi sur toute sa ligne près de Dreux ; l'adjudant-général de Trescow, qui commande provisoirement la 17e division, a pris Dreux avec des pertes peu considérables. Nous avons fait beaucoup de prisonniers. Nous poursuivons l'ennemi dans la direction du Mans.

GUILLAUME.

Berlin, 18 novembre 1870.

Présidence royale de police,
DE WURMB.

94e dépêche du théâtre de la guerre.

Nouvelles militaires officielles.

Metz, 19 novembre.

L'investissement de Montmédy a eu lieu le 16 par un détachement sous les ordres du colonel de Pannewitz. Cette opération a donné lieu à quelques petits engagements entre les 1er et 2e bataillons du 74e régiment et la garnison de Montmédy près de Chauvancy et de Thonnelle. Nous avons toujours eu l'avantage et fait quarante-sept prisonniers non blessés.

DE ZASTROW.

Versailles, 19 novembre.

Dans le combat de Dreux du 17, nous avons eu trois tués, trente-cinq blessés.

Le 18, combat et victoire de la 22e division près de Châteauneuf. Nos pertes sont de un officier et environ cent hommes ; celles de l'ennemi de plus de trois cents morts et blessés et de deux cents prisonniers.

DE PODBIELSKI.

Berlin, 20 novembre 1870.

Présidence royale de police,
DE WURMB.

95ᵉ dépêche du théâtre de la guerre.

Nouvelles militaires officielles.

Versailles, 20 novembre.

L'ennemi a tenté, le 20 courant, de dégager La Fère avec six compagnies et quatre canons, mais il a été rejeté avec des pertes notables sur la rive droite de l'Oise par un bataillon du régiment N° 5 ; une sortie effectuée peu après de la forteresse n'a pas été plus heureuse.

DE PODBIELSKI.

Berlin, 21 novembre 1870.

Présidence royale de police ,
DE WURMB.

96ᵉ dépêche du théâtre de la guerre.

Nouvelles militaires officielles.

Metz, 21 novembre.

Un magasin de munitions a sauté ce matin à 9 h. 1/4 dans le fort Plappeville. Plusieurs morts et quarante blessés. La cause et les détails de cette explosion ne sont pas encore connus.

DE LÖWENFELD.

Versailles, 21 novembre.

Les gardes mobiles, battus à Dreux et Châteauneuf, fuient vers l'Ouest et le Nord-Ouest. Le bataillon de landwehr Unna et deux escadrons du 5ᵉ régiment de réserve des hussards attaqués le 19 à Châtillon se sont repliés sur Châteauvillain avec perte de cent vingt hommes et soixante-dix chevaux. Aucune autre communication importante des armées pour le moment.

DE PODBIELSKI.

Berlin, 22 novembre 1870.

Présidence royale de police,
DE WURMB.

97ᵉ dépêche du théâtre de la guerre.

Nouvelles militaires officielles.

Versailles, 22 novembre.

Le 21, nous avons été victorieux dans divers petits engagements au sud de la Loupe, et le 83ᵉ régiment y a pris un canon. Le 22, Nogent-le-Rotrou a été occupé sans résistance par nos troupes.

DE PODBIELSKI.

Berlin, 23 novembre 1870.

Présidence royale de police,
DE WURMB.

98ᵉ dépêche du théâtre de la guerre.

Nouvelles militaires officielles.

Versailles, 23 novembre.

Le 22, le bombardement de Thionville a commencé. Le 23, le grand-duc de Mecklembourg a continué son mouvement en avant. Devant Paris, la situation demeure la même.

DE PODBIELSKI.

Berlin, 24 novembre 1870.

Présidence royale de police,
DE WURMB.

99ᵉ dépêche du théâtre de la guerre.

Nouvelles militaires officielles.

Baugy, 24 novembre.

Le siége de Thionville a commencé avant-hier; soixante-seize canons dirigent leur feu sur la place. La ville brûle depuis avant-hier dans l'après-midi. L'avant-garde de la division de cavalerie du comte Grœben, sous les ordres du colonel de Lüderitz, a souteuu hier dans l'après-midi près du Quesnel un combat heureux contre des gardes mobiles d'Amiens et les a fait fuir en désordre.

Comte WARTENSLEBEN.

Versailles, 24 novembre.

Le grand-duc de Mecklembourg continue aujourd'hui à marcher en avant. Des engagements de reconnaissances ont eu lieu à Neuville, Bois-Commun et Maizières.

De PODBIELSKI.

Metz, 24 novembre.

Thionville vient de capituler. La prise de possession a lieu demain matin à 11 heures.

De KAMEKE.

Berlin, 25 novembre 1870.

Présidence royale de police,
De WÜRMB.

100ᵉ dépêche du théâtre de la guerre.

Nouvelles militaires officielles.

Hayange, 25 novembre

Ce matin à 11 heures, nos troupes ont occupé Thionville. Deux cents canons et quatre mille prisonniers sont entre nos mains. Nos pertes pendant le bombardement ont été faibles.

De KAMEKE.

———

Versailles, 25 novembre.

Le 24, le colonel de Lüderitz a dispersé à moitié chemin, entre Roye et Amiens, des gardes mobiles qui se sont enfuis vers Bray en abandonnant leurs bagages. Dans une autre reconnaissance faite plus tard avec deux compagnies, quatre escadrons et deux canons, le même officier a attaqué, près de Mézières, six bataillons ennemis avec de l'artillerie, et leur a fait subir des pertes sensibles; les nôtres sont légères.

De PODBIELSKI.

Berlin, 26 novembre 1870.

Présidence royale de police,
De WURMB.

———

101ᵉ dépêche du théâtre de la guerre.

Versailles, 27 novembre.

La Fère a capitulé après un bombardement de deux jours, et nous livre deux mille hommes et environ soixante et dix canons. Dans la nuit du 26 au 27, feu violent des forts sur le front sud de Paris. Dans les engagements de reconnaissance qui ont eu lieu le

24 devant Orléans, deux brigades du 10e corps ont rencontré le 20e corps français marchant en avant, l'ont rejeté sur Ladon et Maizières et lui ont infligé des pertes sensibles. Nous avons fait cent quarante-six prisonniers; nos pertes sont d'environ deux cents hommes. Le 26, plusieurs compagnies ennemies ont marché contre le 10e corps et ont été repoussées en laissant quarante morts sur le terrain. Parmi les prisonniers se trouve un général. Nos pertes sont de trois officiers et treize hommes.

De PODBIELSKI.

Dijon, 27 novembre.

Une reconnaissance faite le 26 a fait connaître que Garibaldi avait quitté Pasques avec son corps d'armée. A l'entrée de la nuit, les avant-postes du bataillon de fusiliers du 3e régiment, violemment attaqués, furent soutenus par le bataillon Unger, qui repoussa trois attaques à cinquante pas. L'ennemi a fui en désordre, jetant ses bagages et ses armes. Aujourd'hui, 27, je me suis mis en marche avec trois brigades pour attaquer, et j'ai atteint, en tournant par Plombières, l'arrière-garde ennemie près de Pasques. L'ennemi a perdu de trois à quatre cents hommes tant tués que blessés. Nos pertes, dans les deux journées, sont d'environ cinquante hommes. Menotti Garibaldi doit avoir commandé le 26.

De WERDER.

Berlin, 28 novembre 1870.

102e dépêche du théâtre de la guerre.

Nouvelles militaires officielles.

Moreuil, 28 novembre.

Hier, la 1re armée a livré bataille jusqu'à la nuit à l'armée française du Nord, qui prenait l'offensive, et l'a battue. L'ennemi, supérieur en nombre et bien armé, a été rejeté sur la Somme et ses ouvrages fortifiés devant Amiens, avec perte de plusieurs milliers d'hommes. Un bataillon ennemi de marine a été anéanti par le 9ᵉ régiment de hussards. Nos pertes sont sérieuses.

Comte WARTENSLEBEN.

Berlin, 28 novembre 1870.

Présidence royale de police,
DE WURMB.

103ᵉ dépêche du théâtre de la guerre.

Nouvelles militaires officielles.

Versailles, 28 novembre.

A LA REINE AUGUSTA, A BERLIN.

Hier, au sud d'Amiens, rencontre victorieuse du général Manteuffel et d'une partie de la 1ʳᵉ armée. L'ennemi a perdu plusieurs milliers d'hommes, et laissé entre nos mains sept cents prisonniers et un drapeau de la garde mobile. Le 9ᵉ régiment de hussards a anéanti un bataillon de marins. Nos pertes sont sensibles.

GUILLAUME.

Versailles, 28 novembre.

Le général feld-maréchal prince Frédéric-Charles mande : Le 28, le 10ᵉ corps d'armée a été attaqué par des forces très-supérieures. Il se concentra près de Beaune-la-Rollande, s'y maintint victorieusement et fut, en ma présence, renforcé par la 5ᵉ division et la 1ʳᵉ division de cavalerie. Nos pertes s'élèvent à mille hommes environ. Celles de l'ennemi sont très-fortes, et il a laissé plusieurs centaines de prisonniers entre nos mains. Le combat finit après cinq heures.

La 1re armée nous fait connaître, qu'à la suite de notre victoire du 27, Amiens a été occupé le 28 par le général de Gœben.

DE PODBIELSKI.

Berlin, 29 novembre 1870.

Présidence royale de police,
DE WURMB.

104e dépêche du théâtre de la guerre.

Versailles, 29 novembre.

A LA REINE AUGUSTA, A BERLIN.

Le prince Frédéric-Charles mande ce qui suit : Le combat d'hier a été une véritable défaite de l'armée de la Loire, qui avait en ligne tout le 20e corps et probablement aussi le 18e et des fractions des 15e et 16e. Le tout atteindrait, selon les documents français, soixante-dix mille hommes. Le 20e corps s'est battu au complet; les autres partiellement. L'ennemi a laissé mille hommes sur le champ de bataille et doit avoir plus de quatre mille blessés. Le nombre des prisonniers sans blessures est déjà de mille six cents et augmente sans cesse. La perte totale des Français doit être de sept mille hommes. Le général d'Aurelles serait blessé. Nos pertes sont de mille hommes, peu d'officiers.

GUILLAUME.

L'ennemi, battu près d'Amiens, fuit dans le plus grand désordre vers le Nord; nos troupes le poursuivent. Nous avons encore trouvé quatre canons dans ses retranchements. A la suite de l'avantage remporté le 28 par le 10e corps d'armée, les troupes ennemies qui se trouvaient devant lui ont prononcé leur mouvement de retraite.

Dans la nuit du 28 au 29 et dans la matinée de ce dernier jour, violente canonnade des forts de Paris suivie d'une grande sortie appuyée sur la Seine par les canonnières contre L'Hay et le 6e corps d'armée ; des sorties moins considérables, notamment contre le 5e corps, avaient lieu en même temps ainsi que des démonstrations sur divers points. L'ennemi a été repoussé partout ; nous lui avons fait plusieurs centaines de prisonniers. Notre perte est de sept officiers et environ cent hommes.

De PODBIELSKI.

Versailles, 29 novembre 1870.

Toute l'importance de la bataille livrée hier jusqu'à la nuit par des portions de la 2e armée et en particulier par le 10e corps, n'a pu être exactement appréciée qu'aujourd'hui. Le gros de l'armée française de la Loire a subi une défaite complète. L'ennemi a laissé environ mille morts sur le champ de bataille, et plus de mille six cents prisonniers non blessés sont entre nos mains ; ce nombre s'accroît à toute heure. Nous avons perdu un canon, dont les attelages et les servants avaient été tués, et moins de mille hommes tant tués que blessés, parmi lesquels relativement peu d'officiers.

De PODBIELSKI.

Berlin, 30 novembre 1870.

105e dépêche du théâtre de la guerre.

Versailles, 30 novembre 1870.

A LA REINE AUGUSTA, A BERLIN.

Hier, le 6e corps a victorieusement soutenu une sortie de l'ennemi au sud de Paris près de L'Hay. Les Français ont eu plus de cent prisonniers, plusieurs centaines de morts et blessés ; nous avons perdu cent hommes. — Aujourd'hui, sortie plus importante à l'Est contre les Wurtembergeois et les Saxons vers Bonneuil-sur-Marne, Champigny, Villiers, que nous avons perdus, puis repris à la tombée de la nuit avec le secours de notre 7e brigade. Des sorties peu considérables étaient simultanément tentées au Nord-Est près de Saint-Denis contre la Garde et le 4e corps. Je n'ai pu quitter Versailles pour demeurer au centre. L'ennemi semble avoir compté sur une victoire près d'Orléans pour marcher à la rencontre du vainqueur, mais ce plan a échoué.

GUILLAUME.

Après que, hier, le 6e corps de notre armée eut repoussé plusieurs attaques du 1er corps de la 2e armée française de Paris, les forts entretinrent pendant toute la nuit un feu d'une violence inaccoutumée. Ce matin, l'ennemi a multiplié les démonstrations, déployé des forces considérables sur divers points de l'enceinte de Paris entre la Seine et la Marne et attaqué avec elles à onze heures nos positions sur cette ligne. Il s'engagea un très-vif combat soutenu, de notre côté, principalement par la division wurtembergeoise et la plus grande partie du 12e corps saxon, ainsi que par des fractions des 2e et 6e corps d'armée. La lutte a duré jusqu'à six heures du soir ; à ce moment, nos troupes victorieuses ont repoussé l'ennemi sur toute la ligne. Nous n'avons pas encore d'autres détails.

Nos pertes dans la bataille d'Amiens s'élèvent à soixante-quatorze officiers et mille trois cents soldats morts et blessés. L'armée française du Nord se trouve en déroute complète. La citadelle d'Amiens a capitulé aujourd'hui après un court engagement, dans lequel son commandant a été tué. Nous y avons fait quatre cents prisonniers, dont onze officiers, et pris trente canons.

Général Werder annonce que la retraite de Garibaldi s'est changée en fuite.

DE PODBIELSKI.

Berlin, 1er décembre 1870.

106ᵉ dépêche du théâtre de la guerre.

Nouvelles militaires officielles.

Versailles, 1ᵉʳ décembre.

Les pertes des Français en morts, blessés et prisonniers, dans leur sortie malheureuse d'hier sur le front sud-est de Paris, sont très-considérables. Ils ont demandé aujourd'hui une suspension d'armes de plusieurs heures pour l'enterrement de leurs morts. De notre côté, les pertes s'élèvent à quarante officiers et huit cents soldats pour la division wurtembergeoise, et à deux officiers et soixante et dix soldats pour la brigade du Troissel du 2ᵉ corps d'armée. Les pertes des Saxons ne sont pas encore exactement connues. Aujourd'hui, l'ennemi s'est tenu complétement tranquille.

De PODBIELSKI.

Berlin, 2 décembre 1870.

Présidence royale de police,
De WURMB.

107ᵉ dépêche du théâtre de la guerre.

Versailles, 2 décembre, 1 h. après-midi.

A LA REINE AUGUSTA, A BERLIN.

Hier, aucun combat. Aujourd'hui, les points encore occupés par l'ennemi de ce côté de la Marne, Champigny et Brie-sur-Marne ont été repris par les Prussiens, les Wurtembergeois et les Saxons.

GUILLAUME.

Versailles, 2 décembre, minuit.

L'armée française de Paris avait, après la bataille d'avant-hier, conservé les villages de Brie et Champigny, placés sous le feu des forts. A la pointe du jour, nos troupes les ont repris. Vers dix heures, l'ennemi les attaqua de nouveau avec des forces supérieures, mais il fut encore une fois repoussé par des troupes de nos 12e et 2e corps d'armée et de la division wurtembergeoise; le combat fut acharné et dura huit heures.

Un détachement bavarois appartenant aux troupes commandées par le grand-duc de Mecklembourg-Schwerin et envoyé en reconnaissance, a rencontré hier des forces ennemies très-supérieures qui avançaient sur nous et a repris sa position. Tandis que, par suite, notre corps d'armée se formait ce matin à neuf heures pour marcher à la rencontre de l'ennemi, celui-ci prit vivement l'offensive sur la ligne d'Orgères-Baigneaux. Notre 4e division de cavalerie l'a rejeté au delà de Loigny, et le 1er corps d'armée bavarois l'a poursuivi dans cette direction, tandis que la 22e division d'infanterie, appuyée par la 2e division de cavalerie, enlevait Poupry d'assaut et avançait jusque devant Artenay. Nous avons fait plusieurs centaines de prisonniers, et pris onze canons encore chargés. Les pertes, de notre côté, sont sensibles, celles de l'adversaire très-fortes.

De PODBIELSKI.

———

Janville, 2 décembre 1870.

Ce matin, à huit heures, je me suis mis en marche. La bataille s'engageait devant Bazoches-les-Hautes.

A neuf heures et demie, l'ennemi a été rejeté au delà de Loigny après un violent combat soutenu par notre 17e division d'infanterie, renforcée par le 1er corps d'armée bavarois et la 4e division de cavalerie. La 22e division d'infanterie, appuyée par la 2e division de cavalerie, a enlevé Poupry d'assaut et repoussé l'ennemi sur Artenay. A Loigny, c'est le 16e corps français, et à Artenay le 15e corps qui a été battu. Nous avons fait plusieurs centaines de prisonniers et pris onze canons en charge. Les pertes de l'ennemi sont considérables ; les nôtres ne peuvent encore être évaluées, mais sont beaucoup moindres.

FRÉDÉRIC-FRANÇOIS, Grand-Duc.

108ᵉ dépêche du théâtre de la guerre.

Nouvelles militaires officielles.

Versailles, 3 décembre.

A LA REINE AUGUSTA, A BERLIN.

Aujourd'hui, pas d'engagement important ; l'ennemi semble cependant se renforcer en avant de Vincennes. La division de Trescow a pris hier sept canons et fait mille huit cents prisonniers, parmi lesquels un général et vingt officiers.

GUILLAUME.

Versailles, 3 décembre.

L'armée ennemie de Paris n'a fait aujourd'hui aucune nouvelle tentative pour percer nos lignes.

De PODBIELSKI.

Fontaine, 3 décembre.

Cette nuit, nous avons établi des batteries qui, en ce moment, huit heures du matin, bombardent Belfort. Le régiment Ostrowski a pris les positions nécessaires pour cette opération et les a défendues avec une grande bravoure.

De TRESCOW.

109ᵉ dépêche du théâtre de la guerre.

Nouvelles militaires officielles.

Versailles, 4 décembre.

A LA REINE AUGUSTA, A BERLIN.

Hier, le prince Frédéric-Charles, à la tête des 3ᵉ et 9ᵉ corps, a jeté l'ennemi près de Chevilly et Chilleurs, dans la forêt d'Orléans, et lui a pris deux canons.

GUILLAUME.

Berlin, 4 décembre 1870.

Présidence royale de police,
DE WURMB.

———

110ᵉ dépêche du théâtre de la guerre.

Versailles, 4 décembre, minuit.

A LA REINE AUGUSTA, BERLIN.

Après une bataille de deux jours, soutenue par notre 2ᵉ armée et celle du grand-duc de Mecklembourg, le corps Mannstein a pris ce soir le faubourg Saint-Jean et la gare d'Orléans. Les autres corps se tiennent prêts à prendre la ville demain. Trente canons et plus de mille prisonniers sont en notre pouvoir. Nos pertes sont modérées. La division Wrangel a été la plus éprouvée. Ici tout est tranquille aujourd'hui.

GUILLAUME.

———

Versailles, 4 décembre, 10 h. soir.

Le 3, les colonnes du général feld-maréchal prince Frédéric-Charles ont rejeté l'ennemi dans la direction d'Orléans par Chilleurs-aux-Bois et Chevilly. Dans cette affaire, les 3e et 9e corps ont pris chacun un canon. Nos pertes sont peu considérables. Devant Paris, l'ennemi a démonté le 4 ; les ponts qu'il avait établis le 2 près de Brie, vis-à-vis de l'endroit où s'est livrée la bataille, et s'est retiré derrière la Marne.

. Nous avons encore trouvé sur le champ de bataille d'Amiens neuf canons ennemis et un matériel de guerre considérable.

De PODBIELSKI.

Berlin, 5 décembre 1870.

111e dépêche du théâtre de la guerre.

Versailles, 5 décembre.

A LA REINE AUGUSTA, A BERLIN.

Orléans a été occupé dès cette nuit sans assaut. Dieu soit loué !

GUILLAUME.

Versailles, 5 décembre 1870.

Le général feld-maréchal prince Frédéric-Charles, après trois jours de combats toujours victorieux, de progrès constants, et après avoir enlevé d'assaut la gare et les faubourgs d'Orléans dans la soirée du 4, a occupé la ville dans la nuit du 5. Quarante canons et plusieurs milliers de prisonniers sont jusqu'ici tombés entre nos mains. La poursuite de l'ennemi n'est pas interrompue. Nos pertes sont relativement modérées.

De PODBIELSKI.

Argueil, 5 décembre 1870.

Le 8ᵉ corps, appartenant à la 1ʳᵉ armée, a eu, le 4, plusieurs engagements heureux au nord-est de Rouen ; nous avons pris un canon et fait quatre cents prisonniers sans blessures. Nos pertes sont un homme tué et dix blessés.

DE SPERLING.

Berlin, 6 décembre 1870.

Présidence royale de police,
DE WURMB.

112ᵉ dépêche du théâtre de la guerre.

Versailles, 6 décembre.

A LA REINE AUGUSTA, A BERLIN.

Nous avons fait près d'Orléans plus de dix mille prisonniers, enlevé soixante-dix-sept canons et quatre canonnières. Trescow a pris d'assaut les localités de Gidy, Janvry, Pruns, le chemin de fer fortifié ; il était à minuit à Orléans.

Aujourd'hui, Manteuffel avec le 8ᵉ corps occupe Rouen.

GUILLAUME.

Versailles, 6 décembre.

Le 4, des détachements du 8ᵉ corps ont battu une brigade française se repliant de Rouen ; dix officiers, quatre cents hommes et un canon sont tombés en notre pouvoir. — Le 5, nouvel engagement heureux de notre aile droite, où nous avons pris encore un canon. A la suite de ces affaires, un corps ennemi, réuni pour la protection de Rouen, abandonna la ville, que le général de Gœben occupa dans l'après-midi. Dans les retranchements abandonnés, nous avons trouvé huit pièces de gros calibre.

Son Altesse Royale le général feld-maréchal prince Frédéric-Charles annonce d'Orléans que soixante-dix-sept canons et environ dix mille prisonniers non blessés, ainsi que quatre canonnières, armées chacune d'un canon de 24, sont tombés entre nos mains. La poursuite de l'ennemi continue.

De PODBIELSKI.

Berlin, 7 décembre 1870.

Présidence royale de police,
De WURMB.

113e dépêche du théâtre de la guerre.

Nouvelles militaires officielles.

Versailles, 8 décembre.

A LA REINE AUGUSTA, A BERLIN.

Hier soir, la 17e division, en marche sur Blois, a livré à moitié route, près de Meung, un combat violent, mais heureux; nous prévoyons cependant encore de la résistance à ce point. Nous avons pris un canon et une mitrailleuse, et fait cent-cinquante prisonniers.

GUILLAUME.

Berlin, 9 décembre 1870.

Présidence royale de police,
De WURMB.

114e dépêche du théâtre de la guerre.
Nouvelles militaires officielles.

Versailles, 8 décembre.

Dans son mouvement sur Beaugency, la 17e division a heurté hier, à l'ouest de Meung, un corps ennemi tout frais de quinze à dix-sept bataillons et accompagné de vingt-six canons, et le chassa de toutes ses positions après un vif combat, auquel la 1re division bavaroise prit part avec succès. L'ennemi a perdu deux cent-soixante prisonniers, un canon et une mitrailleuse.

Le même jour, la 6e division de cavalerie, près de Salbris, et l'avant-garde de notre 3e corps, près de Nevoy, au nord-ouest de Gien, avaient des engagements heureux en poursuivant les arrière-gardes de l'armée de la Loire, toujours en retraite.

De PODBIELSKI.

Meung, 8 décembre.

Aujourd'hui, l'armée commandée par le grand-duc de Mecklembourg a livré bataille, près de Beaugency, à trois corps d'armée français et les a battus, après une lutte acharnée. Les pertes sont sérieuses, mais celles de l'ennemi bien plus fortes. Six canons et près de mille prisonniers sont demeurés entre nos mains.

De STOSCH.

Berlin, 9 décembre 1870.

Présidence royale de police,
De WURMB.

115e dépêche du théâtre de la guerre.

Nouvelles militaires officielles.

Versailles, 9 décembre.

A LA REINE AUGUSTA, A BERLIN.

Le grand-duc de Mecklembourg a eu, hier et avant-hier, devant Beaugency, de sérieux engagements avec les restes de l'armée de la Loire, renforcés de Tours ; nous avons été victorieux et avons occupé la ville ; mille cinq cents prisonniers, six canons sont restés en notre pouvoir. La 2ᵉ armée poursuit les débris de l'armée de la Loire, qui, en moindres forces, ont pris la route de Bourges.

GUILLAUME.

Versailles, 9 décembre.

Après le combat victorieux du 7, les 17ᵉ et 22ᵉ divisions et le 1ᵉʳ corps bavarois continuèrent, le 8, leur marche sur Beaugency. L'ennemi déploya entre cette localité et la forêt de Marchenoir, outre les troupes engagées le premier jour, au moins deux corps d'armée formés des tronçons de l'armée de la Loire, dispersés d'Orléans dans différentes directions, et chercha à arrêter avec toutes ses forces le mouvement en avant de nos troupes. Celles-ci gagnèrent néanmoins constamment du terrain et enlevèrent successivement les localités de Cravant, Beaumont, Messas et en dernier lieu Beaugency. Six canons et plus de mille prisonniers tombèrent entre nos mains.

Le 9, l'ennemi fut encore délogé des localités de Bonvalet, Villorceau et Cernay, qu'il avait pu conserver la veille, et nous laissa encore beaucoup de prisonniers.

Vierzon, centre très-important de chemins de fer, est occupé par nos troupes.

DE PODBIELSKI.

Meung, 9 décembre.

Aujourd'hui, toute l'armée du grand-duc de Meklembourg a eu à livrer un nouveau et vif combat. L'ennemi a été chassé de sa forte position dans la forêt de Marchenoir et nous lui avons fait beaucoup de prisonniers.

DE STOSCH.

Berlin, 10 décembre 1870.
Présidence royale de police,
DE WURMB.

116ᵉ dépêche du théâtre de la guerre.

Nouvelles militaires officielles.

Versailles, 10 décembre.

Nos troupes de la Loire ont dû recevoir, le 10, un jour de repos bien gagné, après les batailles de ces derniers jours. L'ennemi a cependant cherché à reprendre ce matin l'offensive avec des forces considérables, mais il fut repoussé après un combat qui se prolongea jusqu'au soir et dans lequel l'artillerie joua le principal rôle. Nos pertes sont très-peu considérables; nous avons fait quelques centaines de prisonniers.

Le général de Manteuffel mande l'occupation, le 9, de Dieppe par les troupes de son armée. Une portion de la 3ᵉ section des chemins de fer de campagne, avec cinquante hommes d'infanterie, a été surprise et enlevée à Ham.

DE PODBIELSKI.

Berlin, 11 décembre 1870.

Présidence de police,
DE WURMB.

117ᵉ dépêche du théâtre de la guerre.

Nouvelles militaires officielles.

Versailles, 11 décembre.

Des troupes du 9ᵉ corps d'armée ont rencontré, le 9, à Mouthvault, dans le voisinage de Blois, une division ennemie dont l'attaque a été vigoureusement repoussée. L'aile gauche de notre corps a délogé l'ennemi de Chambord, où un bataillon hessois a enlevé cinq canons.

Le 3ᵉ corps a poursuivi, le 8, jusqu'au delà de Briare, l'ennemi repoussé à Nevoy.

De PODBIELSKI.

Berlin, 12 décembre 1870.

Présidence royale de police,
De WURMB.

118ᵉ dépêche du théâtre de la guerre.

Nouvelles militaires officielles.

Versailles, 12 décembre.

A LA REINE AUGUSTA, A BERLIN.

Après les quatre jours de combats autour de Beaugency, qui ont toujours fini à notre avantage, bien qu'en raison de la supériorité de l'ennemi nous n'ayons pas gagné beaucoup de terrain, les Français se sont subitement repliés sur Tours et Blois, sans doute à la suite des pertes considérables qu'ils ont éprouvées, tandis que les nôtres sont légères. Un grand nombre de déserteurs se présentent ici et il en est de même à Rouen. Les gardes mobiles ont souvent jeté leurs armes et effets d'équipement pour rentrer chez eux, mais il en reste encore un grand nombre. Aujourd'hui, dégel complet.

GUILLAUME.

Versailles, 12 décembre.

L'ennemi s'est replié, le 11, devant notre corps d'armée en position autour de Beaugency. Nos troupes le poursuivent. Le bombardement de Montmédy a commencé le 12. Des détachements ennemis ont paru aujourd'hui devant La Fère.

De PODBIELSKI.

Strasbourg, 12 décembre.

Phalsbourg s'est rendu aujourd'hui à merci; sera occupé demain matin à 10 heures.

De HARTMANN.

Berlin, 13 décembre 1870.

Présidence royale de police,
De Wurmb.

119ᵉ dépêche du théâtre de la guerre.

Nouvelles militaires officielles.

Versailles, 12 décembre.

Blois a été occupé, le 13, par nos troupes.

De PODBIELSKI.

Strasbourg, 13 décembre.

Nous avons pris à Phalsbourg cinquante-deux officiers, mil huit cent trente-neuf soldats et soixante-cinq canons.

Comte de BISMARK-BOHLEN.

Berlin, 14 décembre 1870.

Présidence royale de police,
De Wurmb.

120ᵉ dépêche du théâtre de la guerre.

Nouvelles militaires oficielles.

Louppy, 14 décembre.

La forteresse de Montmédy a capitulé.

De KAMECKE.

Un télégramme de Versailles ne donne pas d'autres nouvelles que la capitulation de Montmédy.

Berlin, 15 décembre 1870.

Présidence royale de Berlin,
De Wurmb.

121ᵉ dépêche du théâtre de la guerre.

Versailles, 15 décembre.

Des détachements de nos troupes ont occupé, le 11, après un court engagement, Beaumont, à l'ouest d'Évreux.

L'ennemi, qui avait paru devant La Fère, s'est retiré.

Dans la poursuite de l'ennemi jusqu'à Oucques et Maves, les troupes du grand-duc de Meklembourg ont ramené, le 13, deux mille maraudeurs français.

De PODBIELSKI.

Longuyon, 15 décembre.

Hier, à 1 heure de l'après-midi, entrée des troupes prussiennes dans Montmédy. Nous y avons pris soixante-cinq canons, fait trois mille prisonniers et délivré deux cent trente-sept prisonniers allemands, parmi lesquels quatre officiers. Nos pertes, pendant le bombardement, ont été légères.

De KAMEKE.

Fontaine, 16 décembre.

La forteresse (Belfort) continue à se défendre énergiquement et multiplie ses sorties. Nous avons pris la forêt de Bosmont, le grand bois et le village d'Andelnaus ; nos pertes sont de deux officiers et soixante-dix-neuf hommes ; l'ennemi a perdu seulement en prisonniers, un officier et quatre-vingt-dix hommes.

De TRESCOW.

Berlin, 16 décembre 1870.

122ᵉ dépêche du théâtre de la guerre.

Nouvelles militaires officielles.

Versailles, 16 décembre.

L'ennemi, attaqué le 15 par de fortes avant-gardes, a évacué, le 16, Vendôme.

De PODBIELSKI.

Dijon. 17 décembre.

Le général Goltz vient de nous faire parvenir la communication suivante, datée de Longeau et Langres, 16 décembre. L'ennemi, posté dans une forte position, près de Longeau, a été attaqué aujourd'hui par nous à midi et rejeté dans la forteresse, après un combat de trois heures. Le régiment n° 34 et l'artillerie ont été surtout engagés ; nos pertes sont de un officier et environ trente hommes. L'ennemi était fort de six mille hommes ; il a perdu environ deux cents hommes, dont soixante-quatre prisonniers non blessés. Nous avons pris deux canons et deux wagons de munitions chargés.

De WERDER.

Berlin, 17 décembre 1870.

Présidence royale de police,
De WURMB.

123ᵉ dépêche du théâtre de la guerre.

Nouvelles militaires officielles.

Versailles, 18 décembre.

Le 16, le 6ᵉ corps a pris, dans le combat qui l'a rendu maître de Vendôme, six canons et une mitrailleuse.

Le 17, les têtes de colonne du corps poursuivant l'ennemi ont occupé Épuisay, après un léger engagement, et y ont fait deux cent trente prisonniers.

Des papiers de service du général Chanzy, commandant au nord de la Loire, tombés entre nos mains, prouvent que les forces ennemies sont diminuées de moitié.

Les têtes de colonne des troupes dirigées de Chartres contre l'ennemi ont eu contre six bataillons un engagement victorieux, près de Droué. L'ennemi a perdu plus de cent morts, plusieurs voitures d'approvisionnements et un convoi de bétail. Nous avons perdu un officier et trente-cinq hommes, dont la plus grande partie n'a que des blessures légères.

DE PODBIELSKI.

Berlin, 19 décembre 1870.

124ᵉ dépêche du théâtre de la guerre.

Nouvelles militaires officielles.

Versailles, 19 décembre.

Le général de Werder a attaqué le 18 l'ennemi en position, avec des forces considérables, près de Nuits et de Pesmes. Le soir, Nuits était pris et nous avions fait six cents prisonniers. Le 19, les Français ont été poursuivis dans la direction du Midi et de l'Ouest. Le prince Guillaume de Bade et le général Gluemer ont été, de notre côté, légèrement blessés.

Le 10ᵉ corps a continué, le 18, sa poursuite au delà d'Epuisay. Nous avons pris des traînards et un drapeau.

D'autres détachements de nos troupes ont eu, le 17, une rencontre près du Poislay et de La Fontenelle avec l'ennemi, fort d'environ dix mille hommes, et qui est poursuivi dans la direction du Mans. — Les colonnes de notre aile gauche marchent, le 19, sur Château-Renault.

Dᴇ PODBIELSKI.

Berlin, 20 décembre 1870.

Présidence royale de police,
Dᴇ Wᴜʀᴍʙ.

125ᵉ dépêche du théâtre de la guerre.

Versailles, 20 décembre.

Sur la Loire, notre aile gauche continuait le 20 son mouvement sur Tours, notre aile droite le sien sur le Mans. Sur la route d'Orléans à Blois se trouvent plus de six mille blessés français, que leur armée a laissés en arrière sans aucun secours des médecins. Les colonnes en marche sur Ham ont constaté la retraite de l'ennemi de cette contrée.

Dᴇ PODBIELSKI.

Dijon, 20 décembre.

Le 18, les 1ʳᵉ et 2ᵉ brigades badoises ont soutenu un combat acharné de cinq heures près de Nuits, et remporté la victoire. L'ennemi avait en ligne deux légions de marche de Lyon, les 32ᵉ et 57ᵉ régiments de marche, des gardes mobiles et francs-tireurs, avec dix-huit canons, en tout, environ vingt mille hommes sous les ordres du général Cremer. Il s'est défendu très-énergiquement dans de fortes positions, et s'est retiré vers le Sud, à la nuit, après la prise de Nuits par nos troupes. La bravoure de celles-ci a été vraiment merveilleuse. Nos pertes, malheureusement, ont été considérables : treize officiers tués, vingt-neuf blessés, au nombre desquels le général de Gluemer et le prince Guillaume de Bade, ce dernier légèrement, environ sept cents hommes tués et blessés. L'ennemi a perdu beaucoup d'officiers et plus de mille hommes ; nous avons pris seize officiers et sept cents hommes non blessés, plus, un grand dépôt de fusils et de munitions, quatre affûts, trois wagons de munitions et de grandes quantités d'armes.

DE WERDER.

126ᵉ dépêche du théâtre de la guerre.

Nouvelles militaires officielles.

Versailles, 21 décembre.

Les forts ont entretenu de nouveau un feu violent pendant toute la nuit du 20 au 21, et dans la matinée d'aujourd'hui, 21, environ trois divisions de la garnison de Paris ont attaqué les positions des corps de la Garde et de notre 12ᵉ corps. L'attaque a été repoussée après un combat de plusieurs heures, soutenu surtout par l'artillerie de nos avancées. Nos pertes ne sont pas considérables.

Le général Voigt-Rhetz a rejeté en désordre, le 20, de Monnaie par Notre-Dame-d'Oé sur Tours, environ six mille gardes mobiles soutenus par de la cavalerie et de l'artillerie.

Le général Goltz a surpris l'ennemi dans quatre cantonnements près de Langres, et l'a refoulé vers le Nord. L'ennemi a laissé entre nos mains plusieurs centaines de fusils, des bagages et équipages, ainsi que cinquante prisonniers.

DE PODBIELSKI.

Berlin, 22 décembre 1870.
Présidence royale de police,
DE WURMB.

127ᵉ dépêche du théâtre de la guerre.

Versailles, 22 décembre.

A LA REINE AUGUSTA, A BERLIN.

L'ennemi a fait hier une grande sortie vers Stains, sans doute dans la supposition erronée qu'une armée française du Nord se trouvait rapprochée de Paris ; il été repoussé par le 2ᵉ régiment et le bataillon de fusiliers du 1ᵉʳ régiment de la garde. Une autre sortie contre le Bourget, défendu par deux bataillons du régiment Élisabeth et un bataillon du régiment Augusta, a également échoué. Grand combat d'artillerie, plusieurs centaines de prisonniers en notre pouvoir ; nos pertes sont légères. Des attaques contre les Saxons de Bobigny à Sevran, de Rosny et Neuilly-sur-Marne vers Chelles, ont été repoussées sur tous les points. Aujourd'hui, nous nous attendons à une nouvelle attaque du même côté. Temps clair et gelée ; la nuit, cinq degrés de froid.

GUILLAUME.

Versailles, 22 décembre, nuit.

Devant Paris nous avons fait pendant la sortie du 21 plus de mille prisonniers non blessés; celles de nos positions qui n'étaient pas attaquées ont été, comme d'habitude, criblées de grenades pendant l'assaut. Il en est tombé trois cent cinquante rien que sur le 5ᵉ corps d'armée, qui n'a eu cependant en tout qu'un blessé.

Le 22, deux brigades ennemies ont marché le long de la Marne sur l'aile gauche du corps saxon, mais furent forcées à la retraite par le feu de deux batteries wurtembergeoises qui les prenait en écharpe.

DE PODBIELSKI.

128ᵉ dépêche du théâtre de la guerre.

Nouvelles militaires officielles.

Versailles, 23 décembre.

La 19ᵉ division ayant avancé le 21 jusqu'au pont de Tours, trouva de la résistance de la part de la population et envoya trente grenades dans la ville. Celle-ci n'a pas tardé à arborer le drapeau blanc, et a demandé une garnison prussienne.

La division se contenta cependant, conformément à ses instructions, de détruire le chemin de fer et regagna les cantonnements qui étaient désignés.

De PODBIELSKI.

Berlin, 24 décembre 1870.

Présidence royale de police,
De WURMB.

129ᵉ dépêche du théâtre de la guerre.

Nouvelles militaires officielles.

Versailles, 24 décembre.

La 1ʳᵉ armée, sous les ordres du général Manteuffel, a attaqué le 23 l'ennemi dans ses positions au nord-est d'Amiens. Bien que les Français nous fussent du double supérieurs en nombre et fussent munis d'une artillerie formidable, nous avons enlevé et conservé contre d'énergiques retours offensifs Beaucourt, Montigny, Fréchencourt, Querrieux, Pont-Noyelles, Bussy, Becquemont et Daours, jusqu'à ce que la nuit eût mis fin au combat. Nous avons jusqu'ici plus de quatre cents prisonniers sans blessures.

De PODBIELSKI.

Amiens, 24 décembre.

Hier, la 1re armée a livré bataille à un mille et demi au nord-est d'Amiens, sur l'Halluc, à l'armée française du Nord, forte de soixante mille hommes, lui a enlevé d'assaut plusieurs villages et l'a rejetée au delà de l'Halluc avec des pertes très-fortes. Nous avons déjà en notre pouvoir mille prisonniers non blessés.

De SPERLING.

Berlin, 25 décembre 1870.

Présidence royale de police,
De WURMB.

130e dépêche du théâtre de la guerre.

Nouvelles militaires officielles.

Versailles, 25 décembre, 10 h. matin.

A LA REINE AUGUSTA, A BERLIN.

Manteuffel a battu avant-hier l'ennemi près d'Amiens; les détails manquent. Ici, rien de grave n'est survenu; mais l'ennemi bivouaque toujours en masses considérables devant son front Est. Aujourd'hui, neuf degrés de froid, mais un temps serein, sans neige ni vent.

GUILLAUME.

Versailles, 25 décembre, 4 h. après-midi.

A LA REINE AUGUSTA, A BERLIN.

Manteuffel a fait plus de mille prisonniers et pris plusieurs canons. La poursuite n'a commencé qu'aujourd'hui vers Arras.

GUILLAUME.

Versailles, 25 décembre.

Le 24, l'ennemi, pour couvrir sa retraite, a tenté quelques retours offensifs contre le général de Manteuffel, mais il a été repoussé.

Nous avons déjà entre nos mains plus de mille prisonniers non blessés.

A la date du 25 au matin, le général de Manteuffel annonce qu'il poursuit dans la direction du Nord-Est l'armée battue par lui.

DE PODBIELSKI.

131ᵉ dépêche du théâtre de la guerre.

Nouvelles militaires officielles.

Versailles, 26 décembre.

Le 25, le général de Manteuffel a atteint Albert en poursuivant l'armée française du Nord et y a fait des prisonniers.

Devant Paris, l'ennemi a entretenu des forts, le 26, un feu qui ne nous a fait aucun mal.

DE PODBIELSKI.

Berlin, 27 décembre 1870.

Présidence royale de police ,
DE WURMB.

132ᵉ dépêche du théâtre de la guerre.

Nouvelles militaires officielles.

Versailles, 27 décembre.

Ce matin, à 7 heures, l'artillerie de siége a ouvert le feu contre le mont Avron.

DE PODBIELSKI.

Berlin, 27 décembre 1870.

Présidence royale de police,
DE WURMB.

133ᵉ dépêche du théâtre de la guerre.

Nouvelles militaires officielles.

Versailles, 28 décembre.

Le mont Avron n'a pas répondu aujourd'hui au feu de notre artillerie de siége ; les forts seuls tiraient.

Le 26, la 1ʳᵉ armée a atteint, en poursuivant l'ennemi, la contrée de Bapaume. Le nombre des prisonniers s'est encore accru.

De PODBIELSKI.

Berlin, 29 décembre 1870.

Présidence royale de police ,
De Wurmb.

134ᵉ dépêche du théâtre de la guerre.

Versailles, 29 décembre.

A LA REINE AUGUSTA, A BERLIN.

Le bombardement que nous avons commencé le 27 avec soixante-seize canons contre le mont Avron fortifié par l'ennemi a réduit l'artillerie française au silence hier et aujourd'hui.

GUILLAUME.

Versailles, 29 décembre.

Le 27, le lieutenant-colonel de Boltenstern a soutenu, à la tête de six compagnies et un escadron et avec deux canons, un vif combat entre Montoire et La Châtre. L'ennemi finit par cerner le détachement. Le lieutenant-colonel de Boltenstern s'est cependant dégagé avec une perte d'environ cent hommes et en ramenant prisonniers dix officiers et deux cent trente hommes.

Le 28, notre artillerie de siége du front Est de Paris a réussi, après avoir réduit le 27 le mont Avron au silence, à bombarder efficacement la gare de Noisy-le-Sec et à disperser l'artillerie ennemie cantonnée à Bondy. Nous avons perdu trois hommes.

Le 29, le mont Avron a été occupé par des détachements du 12e corps d'armée (Saxons) ; nous y avons trouvé un grand nombre d'affûts, fusils, beaucoup de munitions et de cadavres ; des détachements ennemis qui se trouvaient encore en dehors des forts se sont repliés sur Paris. Pas de pertes de notre côté.

De l'armée du Nord, nous recevons l'avis de l'investissement de Péronne après plusieurs combats. La poursuite de l'armée du Nord continue.

De PODBIELSKI.

135ᵉ dépêche du théâtre de la guerre.

Nouvelles militaires officielles.

Albert, 30 décembre.

Le 28, le lieutenant-colonel des uhlans Pestel a battu près de Longpré trois bataillons de gardes mobiles avec une colonne volante de trois compagnies et trois escadrons, et a pris à l'ennemi trois drapeaux, dix officiers et deux cent trente hommes. Nous n'avons eu que six blessés.

De SPERLING.

Versailles, 30 décembre.

Devant Paris, nous avons trouvé, le 30, sur le mont Avron, pris par nous, une grande quantité de munitions d'artillerie et deux pièces de 24 enclouées. Deux compagnies se sont avancées jusqu'au village de Rosny; nous avons eu un blessé.

DE PODBIELSKI.

Berlin, 31 décembre 1870.

Présidence royale de police.
DE WURMB.

136e dépêche du théâtre de la guerre.

Nouvelles militaires officielles.

Versailles, 31 décembre.

Le général de Manteuffel mande : Cinq bataillons de la 1re division ont fait aujourd'hui de Rouen une pointe sur la rive gauche de la Seine contre des forces ennemies supérieures en nombre qui s'avançaient de la contrée de Briare à Moulineaux et Grand-Couronne. Les Français ont été en partie dispersés, en partie jetés dans le château-fort de Robert-le-Diable, que nos troupes ont enlevé d'assaut. L'ennemi a eu beaucoup de morts et environ cent prisonniers, au nombre desquels le chef des francs-tireurs du détachement.

Un rapport officiel de Paris prouve que le bombardement du mont Avron, le 27 décembre, a infligé à l'ennemi des pertes sensibles: on cite notamment dix-sept officiers morts ou blessés à cette affaire.

DE PODBIELSKI.

Poulzicourt, 31 décembre.

L'artillerie des compagnies de forteresse et le matériel nécessaire étant arrivés hier, le bombardement de Mézières a commencé aujourd'hui.

7

Les troupes d'investissement du rayon du Nord ont sans cesse de petits engagements avec des francs-tireurs.

De WOYNA.

Présidence royale de police,
De Wurmb.

137ᵉ dépêche du théâtre de la guerre.

Nouvelles militaires officielles.

Versailles, 2 janvier 1871.

Le bombardement des positions ennemies devant le front Nord-Est de Paris s'est poursuivi avec succès le 31 décembre et le 1ᵉʳ janvier. L'ennemi a évacué précipitamment ses avancées sur ce front. Les forts de Nogent, Rosny et Noisy sont demeurés silencieux le 1ᵉʳ janvier.

La 20ᵉ division a été attaquée le 31 décembre près de Vendôme par des forces supérieures, et a néanmoins repoussé cette attaque; le général de Lüderitz a pris quatre canons.

Le colonel Wittich avec une colonne volante a pris, le 30 décembre, près de Souchez, entre Arras et Béthune, cinq officiers et cent soixante et dix soldats.

De PODBIELSKI.

Boulzicourt, 2 janvier.

Mézières a capitulé ; les troupes prussiennes y entreront aujourd'hui à midi.

De WOYNA.

Berlin, 2 janvier 1871.

Présidence royale de police,
De Wurmb.

138ᵉ dépêche du théâtre de la guerre.

Nouvelles militaires officielles.

Versailles, 3 janvier.

Devant Paris, nous avons entretenu le 3 sur le front Est une vive canonnade à laquelle l'ennemi n'a riposté que faiblement du fort de Nogent.

De PODBIELSKI.

Bonlzicourt, 3 janvier.

Mézières a été occupé hier à midi par les troupes prussiennes. Nous y avons fait plus de deux mille prisonniers dont quatre-vingt-dix-huit officiers, pris cent six canons et de grands approvisionnements de vivres.

De WOYNA.

Berlin, 4 janvier 1871.

Présidence royale de police,
De WURMB.

139ᵉ dépêche du théâtre de la guerre.

Bourogne, 4 janvier.

Le 2, combat de reconnaissances près de Croix, à la suite duquel deux cents Français refoulés sur le territoire suisse y ont été désarmés.

Le siége suit son cours.

De TRESCOW.

Amiens, 4 janvier.

Le 2, combats sanglants mais victorieux livrés par la 1re armée près de Bapaume.

Le 2, la 30e brigade a repoussé toutes les attaques de masses ennemies supérieures en nombre et a fait deux cent soixante prisonniers. Le 3, la 15e division réunie et un détachement sous les ordres du prince Albert le fils se sont maintenus pendant neuf heures dans leurs positions contre deux corps d'armée ennemis et ont fait, en enlevant deux villages à la baïonnette, quelques centaines de prisonniers. L'ennemi, après de fortes pertes, s'est mis en retraite vers Arras et Douai.

Comte WARTENSLEBEN.

———

Amiens, 4 janvier.

Le général de Bentheim, de la 1re armée, a surpris et dispersé le 4, au matin, sur la rive gauche de la Scine, les troupes ennemies commandées par le général Roye, leur a pris trois drapeaux, deux canons et fait de quatre à cinq cents prisonniers.

DE SPERLING.

———

Versailles, 5 janvier.

L'ennemi a pris l'offensive le 2 ; près de Sapignies, la brigade Strubberg a repoussé toutes les attaques de l'ennemi en lui infligeant de fortes pertes et en lui faisant deux cent cinquante prisonniers. Le 3, près de Bapaume le général Gœben avec la 15e division et le détachement du prince Albert le fils maintint glorieusement ses positions contre l'armée ennemie du Nord et lui fit deux cent soixante prisonniers. L'ennemi a subi de grandes pertes et s'est replié, poursuivi par la cavalerie.

Devant Paris, nos batteries ont continué le 4, en dépit d'un épais brouillard, leur bombardement contre le front Est.

DE PODBIELSKI.

140ᵉ dépêche du théâtre de la guerre.

Nouvelles militaires officielles.

Extrait d'un télégramme de S. M. le Roi à S. M. la Reine.

Versailles, 5 janvier, 10 h. matin.

Depuis neuf heures les forts du Sud de Paris sont bombardés par une superbe journée d'hiver; pas de vent ni de neige, mais neuf degrés de froid.

GUILLAUME.

Berlin, 5 janvier 1871.

Présidence royale de police,
DE WURMB.

141ᵉ dépêche du théâtre de la guerre.

Versailles, 5 janvier.

Les batteries établies contre le front Sud de Paris ont bombardé pendant la journée les forts d'Issy, Vanves et Montrouge, les retranchements de Villejuif, le Point-du-Jour et les canonnières. Le bombardement du front du Nord et de l'Est était en même temps énergiquement poursuivi. Résultats très-favorables, malgré un brouillard assez fort. Nos pertes sont de quatre tués, quatre officiers et onze soldats blessés.

Le général de Bentheim, sorti de Rouen, a surpris le 4 les troupes ennemies occupant la rive gauche de la Seine sous les ordres du général Roye, les a dispersées et leur a enlevé, soit hier, soit pendant la poursuite continuée aujourd'hui, quatre canons, trois drapeaux et environ six cents prisonniers.

L'armée du Nord, battue et refoulée par nous près de Bapaume et commandée par Faidherbe, se trouve en retraite sur Arras et Douai.

De PODBIELSKI.

Amiens, 5 janvier.

La poursuite du corps du général Roye, battu sur la rive gauche de la Seine, a été continuée hier au delà de Bourg-Achard par un petit détachement de diverses armes commandé par le major Prei-nitzer; il surprit de nouveau l'ennemi, le dispersa, lui prit encore deux canons, une voiture de munitions et des prisonniers et le mit en fuite.

Comte WARTENSLEBEN.

142e dépêche du théâtre de la guerre.

Nouvelles militaires officielles.

Charleville, 5 janvier.

Un coup de main sur Rocroy a réussi. La forteresse vient de capituler; deux compagnies prennent dès aujourd'hui possession des portes.

De SENDEN.

Berlin, 6 janvier 1871.

Présidence royale de police,
De WURMB.

143ᵉ dépêche du théâtre de la guerre.

Nouvelles militaires officielles.

Extrait d'un télégramme de S. M. le Roi à S. M. la Reine.

Versailles, 6 janvier.

Hier, nous avons passé de neuf degrés de froid à un degré de chaud; aujourd'hui, dégel complet, sept degrés au-dessus de zéro et un beau soleil. Le bombardement a déjà réduit le fort d'Issy au silence. Les bons effets en sont appréciables sur tous les points. Nous avons eu trois officiers et dix soldats blessés et quatre tués.

GUILLAUME.

Versailles, 6 janvier.

Devant Paris, l'artillerie de siége continue sur les forts du Sud, de l'Est et du Nord un feu violent et dont les résultats sont bons.

Le général de Werder rend compte de divers engagements d'avant-postes au sud de Vesoul, dans lesquels il a fait deux cents prisonniers.

De PODBIELSKI.

Mézières, 6 janvier.

Rocroy a été occupé aujourd'hui. Nous y avons fait trois cents prisonniers, pris soixante-douze canons, un drapeau et beaucoup d'armes et trouvé de grands approvisionnements de munitions et de vivres. Nous avons délivré à Rocroy huit prisonniers allemands, parmi lesquels deux Prussiens retenus comme espions. Nous avons effectué notre coup de main avec cinq bataillons d'infanterie, deux escadrons de hussards, six batteries de campagne et une compagnie de pionniers.

De SENDEN.

144ᵉ dépêche du théâtre de la guerre.

Nouvelles militaires officielles.

Versailles, 7 janvier.

A LA REINE AUGUSTA, A BERLIN.

Hier, le prince Frédéric-Charles a marché par Vendôme à la rencontre de l'armée du général Chanzy qui se mettait en mouvement pour marcher sur nous, a repoussé victorieusement les troupes d'avant-garde et les poursuit. Ici, le bombardement continue. Nos pertes sont légères. Dégel complet.

GUILLAUME.

————

Versailles, 7 janvier, nuit.

Le 6, les divisions désignées pour opérer contre l'armée du général Chanzy marchèrent à sa rencontre par Vendôme et se heurtèrent près de cette localité à deux corps d'armée ennemis en marche. L'ennemi fut, après un violent combat, rejeté au delà d'Azay, et cette position ainsi que Montoire enlevée par nos troupes. Nos pertes sont sérieuses.

Devant Paris, les batteries de siége ont continué avec vigueur et succès dans la journée du 7 leur feu contre les fortifications du Sud, de l'Est et du Nord. Le fort d'Issy et les batteries voisines ainsi que le fort de Vanves ont gardé le silence une partie du temps. Nos pertes d'aujourd'hui sont comme celles d'hier d'environ vingt hommes.

DE PODBIELSKI.

————

145ᵉ dépêche du théâtre de la guerre.

Versailles, 8 janvier.

Le prince Frédéric-Charles poursuit sa marche victorieuse vers le Mans. Dans le Nord, calme depuis le 3. Ici le bombardement se poursuit dans des conditions favorables. Une caserne a été incendiée au fort de Vanves.

GUILLAUME.

————

Versailles, 8 janvier, nuit.

Les colonnes en marche contre le général Chanzy ont atteint le 7, non sans des engagements dont plusieurs ont été vifs, Nogent-le-Rotrou, Sargé, Savigny et La Châtre.

Notre feu devant Paris s'est continué le 8 avec succès. Les casernes du fort Montrouge sont en flammes.

D'après des rapports français, l'armée du Nord dans la bataille livrée par elle les 2 et 3 au général Gœben aurait perdu quatre mille hommes et nos pertes seraient de neuf mille hommes.

Contrairement à ces allégations, les rapports parvenus de la 1re armée établissent nos pertes dans ces combats à onze officiers et cent dix-sept hommes tués, trente-cinq officiers et six cent soixante-sept hommes blessés et deux cent trente-six hommes disparus.

DE PODBIELSKY.

————

Bourogne, 8 janvier.

Dans la nuit du 7 au 8, nous avons pris Danjoutin d'assaut. Le bataillon Schneidemühl, commandant Mannstein, s'est distingué. Deux officiers d'état-major, seize officiers et plus de sept cents hommes sont demeurés entre nos mains; l'ennemi a eu, de plus, beaucoup de tués et blessés. Nos pertes sont de dix officiers et treize hommes tués et soixante cinq blessés.

DE TRESCOW.

————

146ᵉ dépêche du théâtre de la guerre.

Nouvelles militaires officielles.

Versailles, 9 janvier.

Pendant cette nuit, la ville de Paris a été plus vigoureusement bombardée par nos batteries. L'incendie de la caserne du fort Montrouge a continué jusqu'à ce matin.

Le 9, le feu n'a été soutenu que par intervalles en raison d'un épais brouillard. L'ennemi n'y a répondu que par un tir irrégulier. Le 8, nous avons perdu vingt-cinq hommes; le 9, nos pertes ont été insignifiantes.

Les colonnes de nos troupes qui s'avancent de Vendôme ont continué leur marche le 8 jusqu'au delà de Saint-Calais sans combats importants.

Dᴇ PODBIELSKI.

Berlin, 10 janvier 1871.

Présidence royale de police,

Dᴇ Wᴜʀᴍʙ.

147ᵉ dépêche du théâtre de la guerre.

Versailles, 10 janvier.

A LA REINE AUGUSTA, A BERLIN.

Hier, le général de Werder a eu, près de Vallerois, un engagement heureux contre les troupes de Bourbaki et a fait huit cents prisonniers. Devant Belfort, quelques bataillons ont enlevé d'assaut le village de Danjoutin et y ont fait sept cents prisonniers.

Ici, nous avons de nouveau du brouillard et de la neige, ce qui rend notre feu plus faible.

GUILLAUME.

Versailles, 10 janvier.

Le 8, le colonel de Dannenberg a repoussé près de Montbard une attaque de volontaires Garibaldiens. Le 9, le général de Werder a attaqué le flanc du 20e corps français et lui enleva ses positions. Deux officiers d'état-major, quatorze officiers et plus de cinq cents hommes et deux aigles sont tombés entre nos mains. Nous avons depuis repoussé toutes les attaques de l'ennemi qui se déployait en forces supérieures et auquel se ralliait le 18e corps ; nos pertes sont légères.

Les troupes du général Chanzy se sont repliées le 9 sur le Mans devant nos colonnes qui avançaient sur elles. Le vallon d'Ardenay a été franchi par nos têtes de colonnes. Nous avons jusqu'ici compté déjà plus de mille prisonniers tombés en notre pouvoir

De PODBIELSKI.

Versailles, 10 janvier.

Pendant la journée du 10, nous avons continué le bombardement sur les divers fronts de l'enceinte de Paris. L'ennemi répondait modérément. Nos pertes sont de dix-sept hommes.

De PODBIELSKI.

Amiens, 10 janvier.

Péronne a capitulé. La garnison de plus de trois mille hommes est prisonnière de guerre.

De GOEBEN.

148ᵉ dépêche du théâtre de la guerre.

Nouvelles militaires officielles.

Versailles, 11 janvier.

Les colonnes opérant contre le général Chanzy se sont avancées le 10, en livrant des combats toujours victorieux, jusqu'à un mille (1) du Mans. Un canon, trois mitrailleuses et plus de deux mille prisonniers non blessés sont tombés entre nos mains. Nos pertes ne sont pas très-fortes.

Les pertes du général de Werder dans le combat de Villersexel s'élèvent à treize officiers et un peu plus de deux cents hommes.

De PODBIELSKI.

Berlin, 11 janvier 1871.

Présidence royale de police,
De Wurmb.

149ᵉ dépêche du théâtre de la guerre.

Nouvelles militaires officielles.

Versailles, 11 janvier.

Le bombardement des ouvrages ennemis et de ses batteries continue énergiquement et nous avons encore démasqué neuf batteries plus rapprochées de l'enceinte. Les casernes du fort d'Issy ont été incendiées. Nos pertes en tués et blessés sont de deux officiers et sept hommes.

De PODBIELSKI.

Berlin, 12 janvier 1871.

Présidence royale de police,
De Wurmb.

---

(1) Un mille prussien = 7,500 mètres.

150ᵉ dépêche du théâtre de la guerre.

Nouvelles militaires officielles.

Versailles, 12 janvier.

Le 11, les corps dirigés contre le Mans ont eu à soutenir jusqu'à la nuit des combats acharnés. Le débouché de Champagné a été forcé, Arches-Château pris avec sept canons et mitrailleuses. Le nombre des prsionniers que nous avons faits le 10 ne s'élève pas, comme on l'avait d'abord annoncé à deux mille, mais à cinq mille hommes seulement pour notre colonne du centre ; nous avons pris, en outre, quatre mitrailleuses.

Le général de Werder, après avoir fait avancer ses troupes à la gauche de Vesoul et avoir repoussé, le 9, à Villersexel l'ennemi qui voulait s'opposer à sa marche, a continué son mouvement le 10, sans autre engagement,

DE PODBIELSKI.

Berlin, 13 janvier 1871.

Présidence royale de police,
DE WURMB.

————

151ᵉ dépêche du théâtre de la guerre.

Nouvelles militaires officielles.

Versailles, 12 janvier.

A LA REINE AUGUSTA, A BERLIN.

Les 10 et 11, combats au Mans ; nous avons été victorieux et avons fait un grand nombre de prisonniers, enlevé des mitrailleuses et des canons. Nos pertes sont modérées dans les 3ᵉ, 9ᵉ et 13ᵉ corps. Les détails manquent encore. Les télégrammes français recon-

naissent eux-mêmes pour la première fois la défaite de l'ennemi.
— Le général de Werder a eu le 9 un engagement heureux près de Villersexel et a pris deux aigles, deux canons et fait huit cents prisonniers.

Ici, les progrès du bombardement sont lents depuis trois jours à cause du brouillard, bien que hier et avant-hier, l'on ait beaucoup tiré ; le feu des remparts est notamment de plus en plus violent. Aujourd'hui, journée d'hiver avec du soleil et deux degrés de froid, mais pas de vue au loin.

GUILLAUME.

Berlin, 13 janvier 1871.

Présidence royale de police,
DE WURMB.

152ᵉ dépêche du théâtre de la guerre.

Nouvelles militaires officielles.

Versailles, 13 janvier.

A LA REINE AUGUSTA, A BERLIN.

Hier, dans l'après-midi, les 3ᵉ et 10ᵉ corps ont pris le Mans et les 9ᵉ et 13ᵉ corps ont continué leur marche victorieuse au sud de la ville par Saint-Corneille. De grands approvisionnements sont en notre pouvoir. D'autres détails manquent encore.

GUILLAUME.

Berlin, 13 janvier 1871.

Présidence royale de police,
DE WURMB.

153ᵉ dépêche du théâtre de la guerre.

Nouvelles militaires officielles.

Versailles, 13 janvier.

Le général feld-maréchal prince Frédéric-Charles, dont le corps d'armée a, depuis le 8, toujours battu et refoulé l'armée du général Chanzy depuis les environs de Vendôme jusqu'au Mans, a pris cette ville le 12 dans l'après-midi, et a rejeté en même temps l'ennemi des positions qu'il occupait au nord de la ville près de Saint-Corneille. Nous avons trouvé dans le Mans de grands approvisionnements. L'armée ennemie est en retraite.

Devant Paris, continuation du bombardement avec de bons résultats, bien que nos pertes soient peu considérables.

DE PODBIELSKI.

Berlin, 15 janvier 1871.

Présidence royale de police,
DE WURMB.

154ᵉ dépêche du théâtre de la guerre.

Nouvelles militaires officielles.

Versailles, 13 janvier.

Devant Paris, nos batteries ont, par un brouillard persistant, entretenu un feu régulier contre les ouvrages de la place et contre la ville. L'ennemi n'a répondu que faiblement. Notre perte en morts et blessés est de deux officiers et neuf hommes.

Le feld-maréchal prince Frédéric-Charles mande du Mans: L'ennemi se retire en partie sur Alençon, en partie sur Laval, poursuivi par nos colonnes. Dans les combats qui se sont continués sans interruption du 6 au 12, l'armée du général Chanzy a laissé au pouvoir de notre 2ᵉ armée, seulement en prisonniers, plus de seize mille hommes non blessés ; nous avons pris, en outre, douze canons et mitrailleuses, six locomotives et deux cents wagons.

De PODBIELSKI.

Berlin, 14 janvier 1871.

Présidence royale de police,
De WURMB.

155ᵉ dépêche du théâtre de la guerre.

Nouvelles militaires officielles.

Versailles, 14 janvier.

Dans la nuit du 13 au 14, de vives sorties ont été faites de Paris contre les positions de la Garde au Bourget et à Drancy, celles du 11ᵉ corps à Meudon et celles du 2ᵉ corps bavarois à Clamart ; toutes ont été victorieusement repoussées par nous sur tous les points ; sur plusieurs, la retraite de l'ennemi ressemblait à une fuite.

De PODBIELSKI.

Berlin, 15 janvier 1871.

Présidence royale de police,
De WURMB.

156ᵉ dépêche du théâtre de la guerre.

Nouvelles militaires officielles.

Versailles, 15 janvier.

Le feu des forts d'Issy, Vanves et Montrouge a presque complé-tement cessé le 14. Le bombardement des fortifications et de la ville se poursuit sans interruption. Nos pertes sont tout à fait insignifiantes.

De PODBIELSKI.

Versailles, 15 janvier.

Nous recevons, à la date du 14, les nouvelles suivantes des colonnes détachées à la poursuite du général Chanzy : 1° Le général de Schmidt a rencontré à Barry (?) près de Chapille (?), à deux milles et demi à l'ouest du Mans, une division ennemie, qu'il a immédiatement attaquée et mise en déroute en lui faisant quatre cents prisonniers. Nous avons perdu un officier et dix-neuf hommes. 2° Le camp de Coulie a été occupé par nous et nous y avons pris des quantités considérables d'armes, munitions et approvisionnements.

Beaumont a été occupé à la suite d'un léger engagement dans les rues et nous y avons pris quarante voitures de provisions et fait mille prisonniers. — Nous recevons, en outre, l'avis que, le 14, un détachement sous les ordres du général de Rantzau a été attaqué à Briare par des forces ennemies supérieures et qu'il a pu se dégager avec des pertes peu considérables.

De PODBIELSKI.

Brévilliers, 15 janvier.

L'ennemi m'a attaqué aujourd'hui de Chagey à Montbéliard avec quatre corps et notamment de l'artillerie. L'attaque a été repoussée sur tous les points, et ma position n'a été entamée sur aucun. Nos pertes sont de trois à quatre cents hommes. La bataille s'est continuée de huit heures et demie du matin à cinq heures et demie du soir.

De WERDER.

8

157ᵉ dépêche du théâtre de la guerre.

Nouvelles militaires officielles.

Versailles, 16 janvier.

A LA REINE AUGUSTA, A BERLIN.

Le général de Werder a été attaqué hier dans ses positions en avant de Belfort, entre Montbéliard et Chagey, par Bourbaki à la tête de quatre corps d'armée, et a pendant six heures repoussé toutes les attaques, de sorte que sur aucun point l'ennemi n'a réussi à percer nos positions. Nous avons perdu de trois à quatre cents hommes dans cette affaire, qui a été surtout un combat d'artillerie.

Près du Mans, le nombre des prisonniers s'est élevé à vingt-mille hommes ; nous enlevons sans cesse du matériel de guerre et des approvisionnements à l'ennemi, en retraite au nord sur Alençon, à l'ouest sur Laval, et avons pris quatre locomotives et quatre cents wagons.

GUILLAUME.

Berlin, 16 janvier 1871.

Présidence royale de police,
DE WURMB.

158ᵉ dépêche du théâtre de la guerre.

Nouvelles militaires officielles.

Versailles, 16 janvier.

Devant Paris, l'ennemi a démasqué sur le front Sud de nouvelles batteries, dont le feu a, d'ailleurs, été combattu par nous avec succès. Nous avons perdu deux officiers et sept hommes.

DE PODBIELSKI.

Versailles, 16 janvier.

Le 15 janvier, le major de Köppen du 77e régiment a soutenu près de Marac, au nord-est de Langres, un combat de une heure et demie contre environ mille gardes mobiles qui ont été rejetés en débandade sur Langres après perte d'un drapeau.

Les rapports parvenus jusqu'ici de la 2e armée, évaluent le chiffre total de nos pertes en morts et blessés, pour les combats victorieux du 6 au 12 de ce mois, à cent soixante-dix-sept officiers et trois mille deux cent trois hommes. Nous avons déjà entre nos mains vingt-deux mille prisonniers non blessés, deux drapeaux, dix-neuf canons, plus de mille voitures chargées, ainsi qu'une énorme quantité d'armes, munitions et matériel de guerre.

Le feu de nos batteries se continue devant Paris avec des résultats satisfaisants et peu de pertes.

De PODBIELSKI.

159e dépêche du théâtre de la guerre.

Nouvelles militaires officielles.

Versailles, 17 janvier.

Le général de Werder s'est maintenu, le 16, dans ses positions au sud de Belfort, malgré de nouvelles attaques de l'ennemi.

Le général Schmidt a dépassé Vaiges dans la poursuite de l'ennemi, qui se retire sur Laval, et a fait encore plus de deux mille prisonniers. Alençon a été occupé après un léger engagement dans la nuit du 16 au 17.

De PODBIELSKI.

Berlin, 18 janvier 1871.

Présidence royale de police,
De WURMB.

160e dépêche du théâtre de la guerre.

Nouvelles militaires officielles.

Brévilliers, 17 janvier.

Dans la nuit du 17, le général Keller a occupé Frahier, surpris Chénebier, enlevé les bagages de l'ennemi, et fait prisonniers environ sept officiers et quatre cents soldats. Le matin, vers huit heures, l'ennemi a dirigé, mais en vain, une nouvelle et vigoureuse attaque contre Chagey; il n'a pas été plus heureux, à midi, dans une autre attaque contre Béthoncourt. Près de Montbéliard et à l'ouest de Luze, canonnade très-nourrie. A quatre heures de l'après-midi, l'ennemi a attaqué le général Keller avec des forces sensiblement supérieures, mais sans pouvoir entamer ses fortes positions près de Frahier. Nous avons perdu, dans ces trois derniers jours, mille deux cents hommes, tant tués que blessés.

DE WERDER.

Berlin, 18 janvier 1871.

Présidence royale de police,
DE WURMB.

161e dépêche du théâtre de la guerre.

Nouvelles militaires officielles.

Versailles, 18 janvier.

A L'IMPÉRATRICE-REINE AUGUSTA, A BERLIN.

Bourbaki, après une bataille de trois jours, a dû se replier, en présence de l'héroïque résistance de Werder. Ce général et ses valeureux soldats méritent toute notre reconnaissance.

GUILLAUME.

Versailles, 18 janvier 1870.

Le 17, nouvelle tentative de Bourbaki contre le général Werder, qui a conservé victorieusement ses positions fortifiées et armées de canons de gros calibre, et a repoussé toutes les attaques. Nos pertes, dans ces trois jours de combats, peuvent être évaluées à environ mille cinq cents hommes.

Devant Paris, nous continuons le bombardement avec succès. Nos pertes sont de deux officiers et un soldat tués, un officier et six hommes blessés.

De PODBIELSKI.

Versailles, 18 janvier.

L'armée du général Bourbaki, par suite des victoires remportées sur elle pendant trois jours par le général de Werder, a échoué dans sa tentative pour débloquer Belfort, et est en pleine retraite.

De PODBIELSKI.

162ᵉ dépêche du théâtre de la guerre.

Nouvelles militaires officielles.

Versailles, 19 janvier.

Je rentre à l'instant d'un combat auquel a donné lieu une sortie protégée par une violente canonnade, mais sans résultats.

GUILLAUME.

Roupy, 19 janvier.

L'armée du Nord a été battue en avant de Saint-Quentin, dans un combat de sept heures. Nous avons déjà entre nos mains plus de quatre mille prisonniers sans blessures et deux canons.

De GOEBEN.

Versailles, 19 janvier.

Devant Paris, une sortie dirigée le 19 du Mont-Valérien, en forces considérables, contre les positions du 5e corps d'armée, a été repoussée. Combat depuis onze heures du matin jusqu'à la nuit. Nos pertes, autant qu'on a pu s'en rendre compte, ne sont pas grandes. L'artillerie de siége a continué son feu sans interruption avec de bons résultats.

Le général de Werder a commencé par des engagements heureux la poursuite de l'armée de Bourbaki.

La 1re armée a rejeté, le 18, de Beauvais sur Saint-Quentin, les postes avancés de l'armée française du Nord, en lui prenant un canon et faisant cinq cents prisonniers. Le 19, le général de Gœben a attaqué l'armée française dans ses positions en avant de Saint-Quentin, les a toutes enlevées après une lutte de sept heures, et a rejeté l'ennemi dans Saint-Quentin après un combat acharné. Deux canons encore chargés et plus de quatre mille prisonniers sans blessures sont déjà en notre pouvoir. — Tours a été occupé le 19 sans résistance par des détachements de notre 2e armée.— Le bombardement de Longwy a commencé aujourd'hui.

De PODBIELSKI.

163e dépêche du théâtre de la guerre.

Nouvelles militaires officielles.

Versailles, 20 janvier.

A L'IMPÉRATRICE-REINE, A BERLIN.

Le général de Gœben a battu de nouveau l'ennemi hier devant Saint-Quentin, l'a rejeté dans la ville, et doit le poursuivre aujourd'hui. Les trois armées destinées à débloquer Paris sont ainsi battues. La sortie d'hier a été exécutée avec des forces considérables, mais sans succès ; l'ennemi se tient cependant encore hors de Paris dans la plaine du Mont-Valérien, et attaquera certainement aujourd'hui.

GUILLAUME.

Berlin, 20 janvier 1871.

Présidence royale de police,
De Wurmb.

164ᵉ dépêche du théâtre de la guerre.

Nouvelles militaires officielles.

Versailles, 20 janvier.

A L'IMPÉRATRICE-REINE, A BERLIN.

Le général de Gœben a fait occuper Saint-Quentin par la division du prince Albert le fils, et une brigade du 8ᵉ corps dès hier soir, après la prise d'assaut de la gare par le 19ᵉ régiment, et poursuit aujourd'hui l'ennemi débandé vers le Nord et l'Est. — Ici, tout est tranquille jusqu'à présent, deux heures ; les troupes sont cependant en position des deux côtés.

GUILLAUME.

Versailles, 20 janvier.

Le général de Gœben donne les nouvelles ci-après : Dans la soirée du 19, la gare de Saint-Quentin a été prise d'assaut, et la ville elle-même occupée. Nous y avons trouvé deux mille blessés français ; le nombre des prisonniers s'élevait déjà à sept mille hommes. Nous avons pris six canons.

Devant Paris, nous avons perdu, le 19, quatre cents hommes ; les pertes de l'ennemi ont été si considérables, qu'il a demandé une suspension d'armes de 48 heures ; nous avons fait cinq cents prisonniers.

De PODBIELSKI.

Saint-Quentin, 20 janvier.

La 1re armée a remporté hier une victoire éclatante près de Saint-Quentin; outre les troupes de la 1re armée, celles du général saxon comte Lippe y ont contribué. Saint-Quentin a été occupé le soir, après la prise d'assaut de la gare par le 19e régiment de la division du prince Albert. Nous avons entre nos mains six canons et environ dix mille prisonniers. La débandade de l'armée ennemie est générale. Nos pertes ne sont pas encore connues; celles de l'ennemi sont beaucoup plus fortes.

DE SPERLING.

165e dépêche du théâtre de la guerre.

Nouvelles militaires officielles.

Versailles, 21 janvier.

A L'IMPÉRATRICE ET REINE, A BERLIN.

L'ennemi est rentré hier matin complétement dans Paris. Nous avons fait prisonniers, devant Saint-Cloud, encore quinze officiers et deux cent cinquante hommes. — Pour l'affaire de Saint-Quentin, nous avons compté neuf mille prisonniers non blessés, plus de deux mille blessés dans la ville, plus ceux qui se trouvent dans les environs et les morts; de sorte que l'on peut certainement porter à quinze mille hommes le chiffre de la perte totale de l'ennemi. L'ennemi a rétrogradé jusqu'à Valenciennes et Douai et réoccupé Cambrai.

GUILLAUME.

Versailles, 21 janvier.

Le bombardement contre Paris n'a pas subi d'interruption ces derniers jours. Le 21, les batteries de siége ont ouvert leur feu contre Saint-Denis.

Une tentative faite, le 21 dans la nuit, par la garnison de Langres, pour surprendre deux compagnies de landwher postées dans la contrée de Chaumont, a complétement échoué.

De PODBIELSKI.

Bourogne, 21 janvier.

Dans la nuit du 20 au 21, nous avons pris les bois de Taillis et Bailly, fortement occupés et garnis de retranchements par l'ennemi, ainsi que le village de Pérouse ; nous avons pris cinq officiers et quatre-vingts hommes sans blessures. Nos pertes sont sensibles. Nous avons démasqué ce matin quatre nouvelles batteries près de Danjoutin, et dirigeons leur feu principalement contre le château.

De TRESCOW.

166ᵉ depêche du théâtre de la guerre.

Nouvelles militaires officielles.

Versailles, 22 janvier.

Devant Paris, le bombardement contre Saint-Denis a donné de bons résultats. Le 22, le feu ennemi a été complétement réduit au silence.

Nous avons remarqué plusieurs incendies à Saint-Denis, comme à Paris.

Une colonne volante, commandée par le lieutenant-colonel Dobschutz, a dispersé des gardes mobiles sur la Meuse supérieure, dans la contrée de Bourmont. L'ennemi a perdu plus de cent quatre-vingts hommes, tandis que nous n'avons eu que quatre blessés.

De PODBIELSKI.

Bourogne, 22 janvier.

Dans la nuit du 21 au 22, nous avons ouvert sans pertes les tranchées établies par nous en face des Perches, dans la ligne de Danjoutin à Pérouse.

DE TRESCOW.

Berlin, 23 janvier 1871.

Présidence royale de police,
DE WURMB.

167ᵉ dépêche du théâtre de la guerre.

Nouvelles militaires officielles.

Versailles, 23 janvier.

Le 21, des détachements de l'armée allemande du Sud ont occupé Dôle, après un léger engagement, et y ont pris deux cent trente wagons chargés de vivres, fourrages et vêtements.

Le 22, le pont du chemin de fer sur la Moselle, entre Nancy et Toul, a été détruit par une bande de francs-tireurs.

Au nord, la 1ʳᵉ armée a balayé le terrain de toute troupe ennemie jusqu'aux forteresses.

DE PODBIELSKI.

Berlin, 24 janvier 1871.

Présidence royale de police,
DE WURMB.

168ᵉ dépêche du théâtre de la guerre.

Nouvelles militaires officielles.

Versailles, 24 janvier.

Dans l'affaire du 19, devant Paris, nous avons perdu, tant tués que blessés et disparus : trente-neuf officiers, six cent seize soldats. Les pertes de l'ennemi peuvent être évaluées à six mille hommes, puisque sur le front seulement de nos positions, nous avons compté plus de mille cadavres. Nous avons ouvert contre le front Nord de Paris le feu de nouvelles batteries plus rapprochées.

Des troupes de l'armée du Sud ont franchi le Doubs, au sud de Besançon, derrière l'armée de Bourbaki ; trente-trois wagons, en partie chargés de vivres, sont tombés en notre pouvoir à la gare de Saint-Vit.

De PODBIELSKI.

Grandville, 25 janvier, 3 h. 25 m.

Longwy, bombardé depuis neuf jours, vient de capituler ; quatre mille prisonniers, deux cents canons tombent en notre pouvoir ; j'occupe la forteresse aujourd'hui à midi.

De KRENSKI.

Berlin, 25 janvier 1871.

Présidence royale de police,
De WURMB.

169ᵉ dépêche du théâtre de la guerre.

Nouvelles militaires officielles.

Versailles, 25 janvier.

Des rapports officiels de Paris portent à plus de cent mille hommes le chiffre du corps français qui, le 19, a exécuté la sortie contre le 5ᵉ corps.

Les pertes de la 1ʳᵉ armée s'élèvent, pour la bataille de Saint-

Quentin du 19 janvier, à quatre-vingt-quatorze officiers et environ trois mille soldats tués et blessés.

DE PODBIELSKI.

Berlin, 26 janvier 1871.

Présidence royale de police,
DE WURMB.

170ᵉ dépêche du théâtre de la guerre.

Nouvelles militaires officielles.

Versailles, 26 janvier.

L'armée de Bourbaki est en retraite sur Besançon, sur la rive gauche du Doubs, poursuivie par quelques corps de l'armée du Sud. Les pertes de l'ennemi, dans la malheureuse offensive prise contre le général de Werder, sont estimées à tout au moins dix mille hommes. La misère parmi les blessés et malades français, demeurés en arrière et abandonnés sans secours ni soins de médecins, est affreuse. Les autres corps de l'armée du Sud, commandés par le général de Manteuffel, ont coupé les communications de Bourbaki avec le Sud par l'occupation de Saint-Vit, Quingey et de la gare de Mouchard, centre de plusieurs chemins de fer.

Devant Paris, rien de nouveau.

DE PODBIELSKI.

Berlin, 27 janvier 1871.

Présidence royale de police,
DE WURMB.

171ᵉ dépêche du théâtre de la guerre.

Nouvelles militaires officielles.

Versailles, 27 janvier.

Le général Kettler annonce qu'il a fait, le 23, une pointe dans la direction de Dijon et fait prisonniers cinq officiers et cent cinquante hommes. Le porte-drapeau du 2ᵉ bataillon du régiment n° 61 a été tué pendant un engagement de nuit dans un bois et le drapeau a été perdu. Des détachements ennemis se sont montrés dans la contrée, entre Châtillon et Montereau.

Devant Paris, aux termes d'un engagement, le feu est suspendu depuis douze heures, c'est à dire de la nuit du 26 au 27, des deux côtés.

DE PODBIELSKI.

Berlin, 28 janvier 1871.

Présidence royale de police,
DE WURMB.

172ᵉ dépêche du théâtre de la guerre.

Nouvelles militaires officielles.

Versailles, 28 janvier.

La communication suivante est parvenue le 28, à une heure avancée de la soirée, au ministère des affaires étrangères du royaume :

Le chancelier de l'Empire comte de Bismark et M. Jules Favre ont signé hier la capitulation de tous les forts de Paris et un armistice de trois semaines sur terre et sur mer. L'armée de Paris reste prisonnière de guerre dans la ville.

Berlin, 29 janvier 1871.

Présidence royale de police,
DE WURMB.

173ᵉ dépêche du théâtre de la guerre.

Nouvelles militaires officielles.

Versailles, 29 janvier.

A L'IMPÉRATRICE ET REINE.

Hier soir a été signé un armistice de trois semaines. La ligne et la mobile sont prisonnières de guerre et internées dans Paris. La garde nationale sédentaire assure le maintien de l'ordre. Nous prenons possession de tous les forts, Paris demeure investi et pourra se ravitailler lorsque les armes auront été livrées.

Une Constituante est convoquée à Bordeaux dans quinze jours. Les armées en campagne conservent leurs positions respectives avec des zones de neutralité entre elles.

Voici la première récompense, féconde en bénédictions, du patriotisme, de l'héroïsme et des lourds sacrifices de notre nation. Je remercie Dieu de cette nouvelle faveur. Puisse la paix suivre bientôt!

GUILLAUME.

Berlin, 29 janvier 1871.
Présidence royale de police,
DE WURMB.

174ᵉ dépêche du théâtre de la guerre.

Nouvelles militaires officielles.

Versailles, 29 janvier, nuit.

L'occupation de Saint-Denis et de tous les forts de Paris a été effectuée aujourd'hui sans incidents

DE PODBIELSKI.

Berlin, 30 janvier 1871.
Présidence royale de police,
DE WURMB.

175ᶜ dépêche du théâtre de la guerre.

Nouvelles militaires officielles.

Versailles, 30 janvier.

A L'IMPÉRATRICE ET REINE, A BERLIN.

La remise de tous les forts, y compris Saint-Denis, a eu lieu dans la journée d'hier sans résistance ni désordre.

De nos batteries de siége j'ai vu le drapeau prussien flotter sur Issy.

Aujourd'hui, neige et dégel.

Je viens de voir défiler le 5ᵉ bataillon de chasseurs, qui, depuis le 19 septembre, n'a pas quitté les avant-postes et a cependant excellente mine; il a perdu à la dernière sortie cinq officiers et quatre-vingts hommes.

GUILLAUME.

Berlin, 31 janvier 1871.

Présidence royale de police,
DE WURMB.

176ᶜ dépêche du théâtre de la guerre.

Versailles, 30 janvier.

Devant Paris, l'exécution de la convention a suivi son cours, le 30, sans incidents.

A Blois, le colonel de Below a brûlé, le 28, le pont sur la Loire parce que de la rive gauche l'ennemi marchait contre la ville; le 29, il s'est de nouveau replié dans la direction du Sud.

Le 2ᵉ corps a pris près de Rozeroy, le 28, un convoi ennemi.

La 4ᵉ division de réserve s'était avancée le 26 jusqu'à Passavant et a fait encore deux cents prisonniers.

Les corps de Bourbaki se trouvaient entre les colonnes du général de Manteuffel et la frontière suisse.

DE PODBIELSKI.

Arbois, 30 janvier.

L'avant-garde de l'armée du Sud (14ᵉ division) a atteint hier dans l'après-midi, à un mille à l'ouest de Pontarlier, près de la frontière suisse, l'armée française en retraite. Les villages de Sombacourt et de Chaffois ont été enlevés d'assaut par nos troupes, qui ont fait environ trois mille prisonniers et pris six canons.

Comte WARTENSLEBEN.

Présidence royale de police,
DE WURMB.

177ᵉ dépêche du théâtre de la guerre.

Nouvelles militaires officielles.

Versailles, 31 janvier.

L'avant-garde de la 14ᵉ division a atteint, le 29 janvier, la queue de l'armée française et, après avoir enlevé d'assaut les villages de Sombacourt et de Chassois, l'a rejetée sur Pontarlier.

L'ennemi a perdu six canons et a laissé entre nos mains près de trois mille prisonniers.

Dans le Nord et l'Ouest de la France, l'armistice suit son cours.

DE PODBIELSKI.

Berlin, 1ᵉʳ février 1871.

Présidence royale de police,
DE WURMB.

178ᵉ dépêche du théâtre de la guerre.

Nouvelles militaires officielles.

Versailles, 1ᵉʳ février.

A L'IMPÉRATRICE-REINE, A BERLIN.

L'armée de Bourbaki, forte d'environ quatre-vingt mille hommes est entrée sur le territoire neutre de la Suisse près de Pontarlier, à la suite d'une convention. Voici donc la quatrième armée française qui est réduite à l'impuissance et ne peut plus combattre.

GUILLAUME.

Berlin, 2 février 1871.

Présidence royale de police,
DE WURMB.

179ᵉ dépêche du théâtre de la guerre.

Nouvelles militaires officielles.

Versailles, 1ᵉʳ février.

Le général de Manteuffel mande : Les trophées de la 14ᵉ division, dans les combats livrés le 29 à Chassois et Sombacourt, sont dix canons et sept mitrailleuses ; nous avons fait prisonniers deux généraux, quarante-six officiers et près de quatre mille hommes. Le 30, la 7ᵉ brigade a pris Frasne en ne subissant que des pertes très-faibles, y a fait deux mille prisonniers et conquis deux aigles. Dans leur marche sur Pontarlier, nos troupes ont trouvé la route jonchée d'armes. Toute issue sur le territoire français est fermée aux troupes françaises qui se trouvent dans cette région.

DE PODBIELSKI.

Berlin, 2 février 1871.
Présidence royale de police,
DE WURMB.

180ᵉ dépêche du théâtre de la guerre.

Pontarlier, 2 février.

L'armée française a été refoulée dans les montagnes de la frontière à la suite de combats acharnés d'arrière-garde livrés les 30 et 31 janvier et 1ᵉʳ février, notamment à la Cluse. L'armée du Sud a conquis deux aigles, dix-neuf canons et mitrailleuses, fait prisonniers deux généraux et environ quinze mille hommes, enlevé plusieurs centaines de voitures de provisions et de grandes quantités d'armes. Nous avons perdu six cents hommes, tant tués que blessés. Le général de Weyhern a pris hier Dijon après un léger engagement.

Comte WARTENSLEBEN.

Versailles, 3 février, nuit.

Le général de Manteuffel a refoulé dans les montagnes de la frontière l'armée ennemie qu'il avait devant lui et l'a enveloppée de façon à ce qu'elle n'eût plus que le choix entre une capitulation et l'entrée sur le territoire suisse. Les généraux ont, en vain, invoqué, pour sortir de cette situation, la convention conclue à Versailles. D'après les nouvelles de l'étranger, l'entrée de l'armée française sur le territoire suisse, au nombre d'environ quatre-vingt mille hommes, serait déjà effectuée. Garibaldi, qui se trouvait en même temps à Dijon en danger d'être cerné, ne s'est dérobé à cette perspective que par une prompte retraite, après avoir également essayé d'entraver nos opérations en invoquant la convention. Dijon a été occupé le 1ᵉʳ par nos troupes après un léger engagement.

De PODBIELSKI.

181ᵉ dépêche du théâtre de la guerre.

Nouvelles militaires officielles.

Versailles, 5 février.

À L'IMPÉRATRICE ET REINE, A BERLIN.

En l'honneur des derniers et décisifs combats, de l'entrée forcée sur le territoire suisse de l'armée ennemie forte de quatre-vingt mille hommes ainsi que de la prise de possession de tous les forts de Paris, il faut faire tirer *Victoria*.

Berlin, 5 février 1871,
    Présidence royale de police
    DE WURMB.

GUILLAUME.

FIN.

Paris, Impr. PAUL DUPONT, rue Jean-Jacques-Rousseau, 41. (1492.6.1)

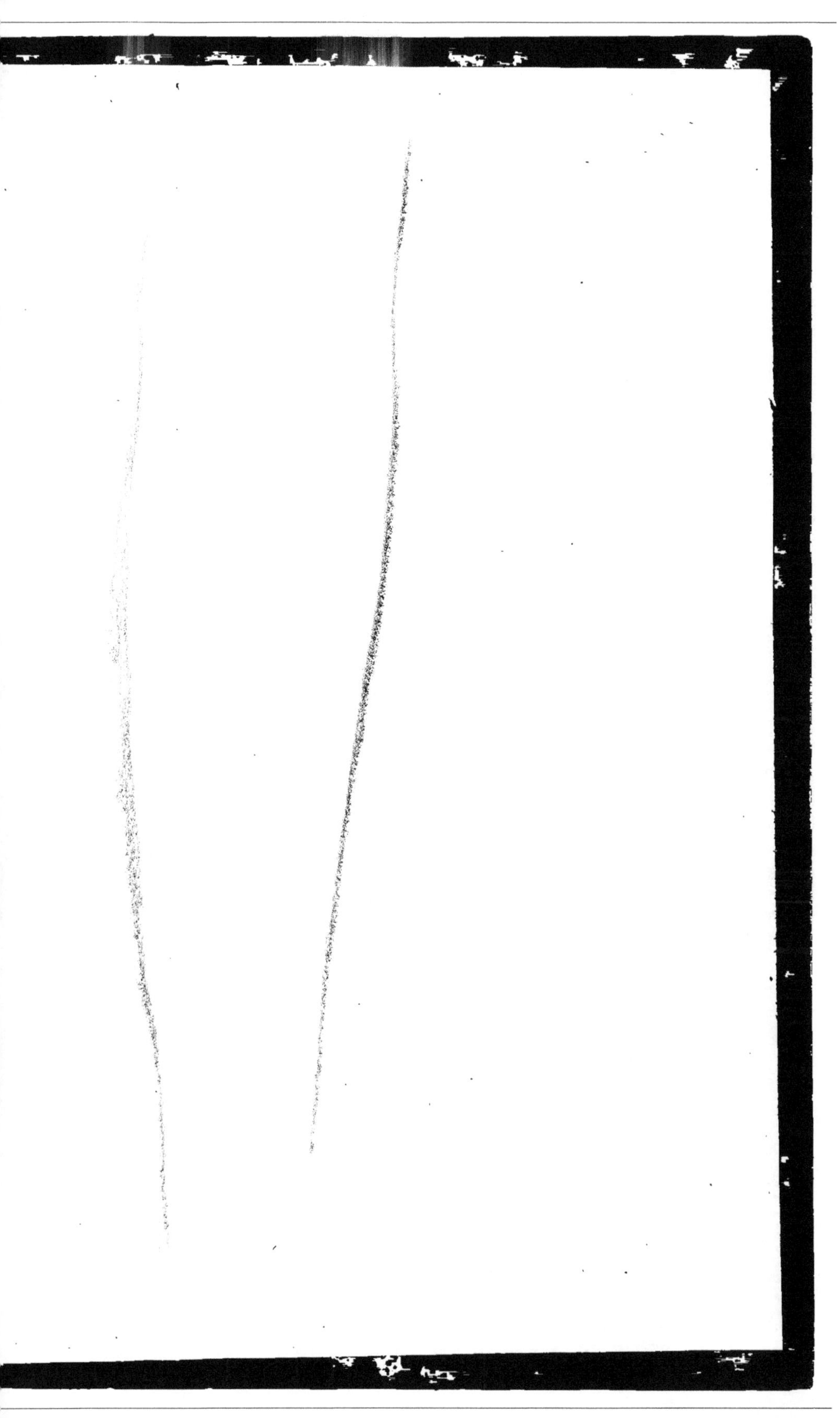

BIBLIOTHEQUE NATIONALE DE FRANCE

3 7531 04272160 6

www.ingramcontent.com/pod-product-compliance
Ingram Content Group UK Ltd.
Pitfield, Milton Keynes, MK11 3LW, UK
UKHW020843120726
13693UKWH00002B/798